HEYNE FILMBIBLIOTHEK

DIE MARX BROTHERS

Ihre Filme - ihr Leben

von ULRICH HOPPE

Originalausgabe

WILHELM HEYNE VERLAG
MÜNCHEN

HEYNE FILMBIBLIOTHEK
Nr. 32/76

Redaktion: Willi Winkler

2. Auflage

Copyright © 1985 by Wilhelm Heyne Verlag GmbH & Co. KG, München
und RTS Verlag Jürgen Zimmermann, München
Umschlag- und Rückseitenfoto: Stiftung Deutsche Kinemathek, Berlin
Innenfotos: Süddeutscher Verlag, Bilderdienst, München; Archiv Lothar Just, München;
Archiv Dr. Karkosch, Gilching; Stiftung Deutsche Kinemathek, Berlin;
Archiv des Autors, München
Printed in Germany 1988
Umschlaggestaltung: Atelier Ingrid Schütz, München
Satz: Fotosatz Völkl, Germering
Druck und Verarbeitung: Ebner Ulm

ISBN 3-453-86077-2

Inhalt

Renate, Kathrin und Irmtraud
gewidmet,
in Erinnerung an schöne Kaffeestunden

Vorwort

Es ist schon komisch, 1985 über Groucho, Harpo und Chico ein Buch zu schreiben.

Während der Recherchen für dieses Buch sind mir noch nie so viele Menschen über den Weg gelaufen, die mit dem Weltbegriff »Marx Brothers« überhaupt nichts anfangen konnten. Und ich fragte mich immer wieder: Was soll's?

Die Fan-Gemeinde der unsterblichen drei ähnelt einem Geheimbund. Zwar werden Marx-Brothers-Filme in steter Regelmäßigkeit vom Fernsehen, zumeist den dritten Programmen, verhackstückt, aber das große Publikum lacht nicht mit. Die himmlisch bösen Brüder mit dem kleinen »o« hinten zünden exklusiv in den Großstädten, in den Nachtvorstellungen der Off-Kinos, wo die Mitglieder des marxistischen Geheimbundes mittlerweile jede einzelne Dialogzeile mitsprechen.

Keine Bolde für die Massen: Das Kult-Trio, wie es Kult-Cartoonist Robert Crumb sieht.

Cinéasten, Intellektuelle, Kunstbeflissene, Alternative, Studenten, Ausgeflippte, mehr oder minder aufmüpfige junge und immer jüngere Menschen stehen auf diese Brüder der tolldreisten Anarchia dell'arte. Kult-Stars der »Scene«. Groucho, Harpo und Chico – das Ideal einer WG- und Hausbesetzer-Kumpanei?

Natürlich doch.

Der normale Bürger wendet sich mit Grausen ab. Er merkt, daß er es ist, auf dessen trauriger Gestalt die drei Lachmuskel-Chaoten herumtrampeln. Auch das weibliche Geschlecht hält sich zurück. Die Gebrüder Marx sind Männersache, von den zukunftsschwangeren Powerfrauen mal abgesehen.

So war das übrigens immer schon: Groucho, Harpo und Chico detonierten ausschließlich in den amerikanischen Superstädten – for men only. Keine Bolde für die Massen. Und da machte Hollywood aus verständlichen Gründen nicht lange mit. Am ausgestreckten Arm wurden sie ausgetrocknet. Das US-Fernsehen trocknete mit. Groucho gelang noch ein imposanter Alleingang als Crazy-Quizmaster in Radio und TV. Mit einer sarkastischen Pointe: Jahrelang durfte seine wöchentliche Show »You Bet Your Life« nur als Konserve ausgestrahlt werden – live stand wegen seiner unverfrorenen Geistesblitze nicht zur Debatte.

Die Story der Marx Brothers, besonders ihr Ende – 1949 drehten sie ihren letzten Kinofilm –, demonstriert unter anderem auch, warum wir heutzutage im Zeitalter des allgemeinen Aussterbens solche Komiker der hemmungslosen Totalität nicht mehr verdienen.

Schrullige Eigenköpfe, die unsere gesellschaftliche Adrettheit mit Lehm bewerfen, passen nicht ins Konzept der Multi-Dollar-Industrie.

Anecken, die Norm der Normen lächerlich machen, die tiefgekühlte Phantasie anhauchen und auftauen, das fügt sich in kein Kino-, Tele-, Bühnen- oder Radio-Programm der großen Veranstalter ein.

Dolce Vita des Chaos – Groucho, Harpo und Chico in Äktschn, und der Bürger wendet sich mit Grausen

So was gehört gerade mal in die kleinsten Lichtspielhäuser der Subkultur!

Außer Woody Allen nimmt uns heute keiner mehr hops.

So weit ist es mit uns gekommen. Die Komödianten sind auf dem Planeten Erde ausgestorben. Gerade mal die Kichererbsen der tumben Gattung haben überlebt. Eine Charlie-Chaplin-Charge wirbt auf den Plakatwänden (»Gegen Bürostreß nehme ich…«) für einen US-Personal-Computer. Chaplin – das Ideal eines Durchschnittshackers?

1985 darf harmlos gelacht werden.

Wer sich jedoch überhaupt nicht nett & nichtig amüsieren will, ist gezwungen, die Suppe von vorgestern zu löffeln. Die Kultur der klugen Blödelei findet in Schwarzweiß statt, in flimmrigen Bildern ausgeleierter Kopien. Nein, mit Nostalgie hat das nichts zu tun, wenn heute nacht einer über Groucho wiehert, über Chico brüllt, über Harpo ins sanfte Träumen kommt …

Hier nun beißt sich die Katze in den Schwanz für den Autor.

An wen wendet sich mein Buch?

Der marxistische Geheimbund kann auf meine Zeilen pfeifen. Ein besessener Marx-Brothers-Enthusiast weiß entweder alles über seine drei oder will gar nichts wissen, weil ihm der Gang in die Spätvorstellung (oder das Einlegen der Videokassette) sowieso alles bringt.

Und die anderen, die zig Millionen, schotten sich kopfschüttelnd vor diesen drei Ausgeburten ab.

Irgendwann habe ich es aufgegeben, mir den Kopf zu zerbrechen, wer meine Leserin und mein Leser sein wird.

Und das kam so.

In Münchens »Lupe 2« lief mal wieder »Die Marx Brothers in der Oper«. Vorher war ich mit meinem Agenten verabredet – der nahm mich geheimnisvoll zur Seite, schaute nach rechts und links, ob uns jemand zuhörte, und fragte mit Mir-kannst-du-es-ja-verraten-Miene: »Waren das wirklich Brüder?«

»Ja«, sagte ich, und ich spürte, daß er das sein ganzes Leben lang wissen wollte.

Tage später lief ich Sabine, der 16jährigen Nachbarstochter, in die Arme.

»Woran arbeitest du denn jetzt gerade?« wollte sie erfahren.

Die Marx Brothers waren ihr schon geläufig, allerdings nur aus dem Fernsehen. Ich wollte ihr erklären, daß ich eingesehen hätte, wie wichtig mein Buch wäre, denn selbst mein Agent hatte bis dato nicht gewußt, daß …

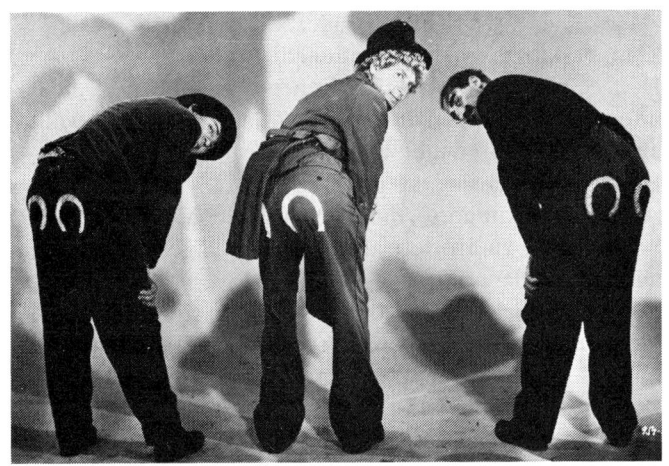

Die zwei Fragen aller Fragen. Waren die Brothers wirklich Brüder …

… Und war Harpo von Geburt an stumm?

»Was? Die waren richtige Brüder?« platzte sie heraus.

»Ja«, bestätigte ich die sensationelle Enthüllung.

Danach traf ich noch etliche Mitmenschen, denen ich die Pointe mit meinem Agenten und mit Sabine erzählen wollte, aber sie alle fuhren mir baff über den Mund: »Tatsächlich –? Richtige Brüder sind das gewesen?«

Als ich damit aufhörte, die Frage nach der Marxschen Blutsbruderschaft zu erörtern, prasselte ein anderes Mysterium auf mich nieder.

»War eigentlich der Harpo von Geburt an stumm?«

Über kein Komikergespann ist so viel Literatur erhältlich wie über die Gebrüder Marx. Groucho, ein leidenschaftlicher Bücherwurm, der viel lieber als Schriftsteller in die Hall of Fame eingegangen wäre, hat sogar selber zur Feder gegriffen und gleich zwei Autobiographien verfaßt. Harpo flüsterte sein Leben seinem Biographen Rowland Barber ins Ohr. Auch Grouchos Sohn Arthur erinnerte sich gedruckt.

Für wen das alles? – Für den Geheimbund.

In die Öffentlichkeit sickerte von alledem nichts durch, nicht mal die Tatsache, daß die drei Funnies ein und dieselbe Mutter und ein und denselben Vater gehabt haben.

Die Mutter der Geheimbund-Institution namens Marx Bros. stammt aus Deutschland, aus Ostfriesland. Mit 15 wanderte sie nach Amerika aus. Sie hat aus ihren Söhnen das Weltereignis gemacht.

Ihr Heimatdorf im Lande des Deutschen Otto hat sie vergessen, weint ihr keine Träne nach, kennt nicht mal ihre gloriosen Sprößlinge.

Die Marx Brothers – Deutschlands Enkel für die Welt!

Ist das nicht komisch?

Noch kein Journalist, geschweige denn ein deutscher, hat sich herabgelassen, in diesem Ostfriesen-Örtchen in den Annalen zu blättern, im Stammbaum der drei Lachsalven-Anarchos mütterlicherseits herumzuklettern und das Erbe auszugraben, das sie zu dem gemacht hat, was sie waren, sind und ewig sein werden.

Ich bin hingefahren.

Drum sei mir ein bescheidener Stolz gegönnt, daß ich den vielen geprinteten Marx-Huldigungen eine neue zugeselle.

Obwohl ich das Gefühl nicht loswerde – auch ein Groucho-Harpo-Chico-Biograph im Jahre 2002 wird in erster Linie lediglich zwei sensationelle Enthüllungen zu präsentieren haben: daß die Brüder Brüder waren und daß Harpo privat sprechen konnte.

Noch eines.

Schon viel zu lange ruhen sie sanft und friedlich unter der Erde. Was ganz und gar nicht ihre Art ist.

Ulrich Hoppe

Marxer geht's nicht

Es ist ein Naturgesetz, daß Komiker, die von Lachstürmen leben, privat die Windstille bevorzugen und höchst ungern bis gar nie Witze erzählen.

Werden sie in einem verschwiegenen Lokal mit ihren Fans konfrontiert, so lassen sie sich auch nicht durch inständiges Flehen dazu hinreißen, sich das komplette Menü ins Gesicht zu klatschen.

Aber eine Ausnahme ist überliefert, die die Regel bestätigt.

Wenn nun doch dieser eine Vertreter des Humorolymps über die Jahre stets ein und denselben Lieblingswitz in intim-geselliger Runde zum besten gibt, tritt dann das Naturgesetz Nummer 2 in Kraft, das besagt, daß der Schuster immer die schlechtesten Schuhe hat?

Bis zu seinem Lebensende, 1961, ließ Chico Marx, hauptberuflich Spielteufel und Schürzenjäger, nebenberuflich Marx Brother, um seinen Hauptberuf finanzieren zu können, bei jeder Gelegenheit sein tolles Ding mit dem Goldgräber vom Stapel.

Diesen einen Scherz trug er mit sich herum wie andere den Duft von Sonderangebot-Zigarren, Knoblauch oder Aftershave-Wässerchen.

Wenn ein Pointen-Multi nach Feierabend einen Witz, noch dazu stets denselben, reißt, wird es ernst.

Vorhang auf für Chicos Goldgräber!

»Der Ärmste lebt seit Ewigkeiten in den Wäldern und hat seit Ewigkeiten kein weibliches Wesen...«, hier pflegte Chico eine Spannungspause einzulegen, »... geschweige denn zu Gesicht bekommen. Eines schönen Frühlingstages trifft er auf einer Lichtung auf eine Holzhütte. Ein Astloch in der Tür erregt seine ganze Aufmerksamkeit. Es befindet sich genau in der richtigen Höhe, stellt er freudig fest, als er heran ist. Fröhlich läßt der gute Knabe seine Hose herunter und seinen

Ganz privat ließ Chico (links) gern die Sau (Mitte) raus. Nicht nur Harpo (rechts) trug sie mit Fassung...

Gefühlen freien Lauf, daß es nur so brettert. Mittendrin schwingt die Tür auf. Ein freundlicher Mann kommt heraus, klopft dem atemlosen Goldsucher im Astloch auf die Schulter und sagt: ›Entschuldigen Sie, Sir! Würde es Ihnen was ausmachen, hereinzukommen und es von innen nach außen zu tun? Wir sitzen nämlich gerade beim Abendbrot!‹«

Es liegt, um im Bild zu bleiben, auf der Hand, warum Chicos Golddigger gastlich in die Hütte gebeten, aber aus den dreizehn Marx-Brothers-Filmen, von »The Cocoanuts« (1929) bis »Love Happy« (1949), erbarmungslos verbannt wurde.

Dabei ist die Zote, die pure Po-esie ist, durch und durch Marx – Marxer geht's nimmer.

Was für eine zärtliche, friedliche Welt, in der Chicos Held

Reichtum sucht und Einsamkeit findet. Es geht auch oder gerade ohne Frauen. Not macht erfinderisch. Das Glück winkt im Detail, in der Tür des fremden Eigenheims. Gewiß, hier dringt buchstäblich jemand in die Privatsphäre anderer ein, macht sich des Hausfriedensbruchs schuldig.

Doch daß er von innen beobachtet wird – Peepshow paradox –, kann er nicht ahnen.

Wie leicht hätte man dem flinken Eindringling Schmerz und Leid zufügen können. Ein heftiger Schlag mit dem Suppenlöffel wäre das wenigste gewesen. Aber nein. Die Menschen auf der anderen Seite der rumpelnden Tür haben Verständnis.

Toleranz im Walde.

Chicos Witz, der seine Action-Fülle diskret der Phantasie überläßt, endet abrupt versöhnlich, als er eigentlich erst mächtig losgeht. Gern würde man mehr erfahren, wie es im Inneren weiterläuft.

Denn das ist klar. In dieser Holzhütte hockt keine Durchschnittsfamilie am Eßtisch. Dort leben drei Brüder, die sich mit dem aufgestauten Problem des Diggers leicht solidarisieren können, die beim Zimmern der Eingangstür garantiert nicht zufällig das gewisse Astloch in der richtigen Höhe hingezaubert haben. Sie wissen selbst, wie schön das ist.

Doch ganz tatenlos wollen sie nicht mitansehen, wie sich vor ihren Augen beim wohligen Schmaus irgend so ein Dahergelaufener auf sein Geschlechtsteil reduziert. Die Anonymität des Glieds stört.

Schließlich könnte auch ein Grizzlybär dahinterstecken!

Außerdem denken sie praktisch und kalkulieren ein, was gefälligst der nächste Gewitterregen wegzuwischen hat.

Diese Brüder kennen wir, die da vergnügt zusammenhocken, »Animal Crackers« knabbern und in die »Duck Soup« stippen, während ihnen der späte Gast den Rücken zukehrt und die Haustür als Dame des Hauses behandelt...

Drei, die untrennbar aneinanderhängen wie die zwei von Marilyn Monroe!

Zwei Augenbrauen wie feuchte Trauersocken – Groucho!

Der Jecke mit der tiefliegenden Gangart des notorischen Unaufrechten trägt seinen Wall-Street-Frack in jeder Wildnis. Der Typ, der steinreiche Witwen im Regen stehen läßt. Ein Schnauzbart wie ein plattgewalztes Brikett. Zwei Augenbrauen wie Trauersocken, die über jede Anzüglichkeit da-

Fällt über Blondinen und Klaviere her – Chico!

vonzuflattern scheinen. Ein Stinkstiefel der liebreizenden Spezies. Zigarrendauerraucher.

Kurz: Groucho.

Der zweite mit dem italoenglisch radebrechenden Timbre ähnelt dem Bauern mit den dicksten Kartoffeln wie aus dem Schwer-von-Begriff-Gesicht. Sein Südtiroler Almtrieb-Hut, der wuchtig an den abstehenden Ohren halt macht, stammt aus alten Märchenbüchern. Einen Hals wie ein in der Puber-

Engel mit ›B‹ und Harfe davor – Harpo!

tät steckengebliebener Gewichtheber. Markige Lippen wie ein Kabeljau. Fällt über jedes Klavier her mit seiner Pistolen-Finger-Technik. Und genauso über jede nächstbeste Blondine.

Kurz: Chico.

Der dritte kleidet sich im wirrwüsten Mülldeponie-Look. Knautschzylinder. Darunter Mammis Löckchenperücke. Darunter die unschuldigsten Spiegeleier-Augen der Pampers-Generation. Ein Mund, der niemals spricht, höchstens mal die Zunge rausläßt. Einer, der aus reinem Zufall noch frei herumlaufen darf. Engel auf irdischen Pfaden. Deshalb hat er immer seine Harfe dabei.

Kurz: Harpo.

Bleiben wir beim notgedrungenen Sex, der den Brüdern das Abendessen versüßt.

Im Gegensatz zu Chico, der als einziger Marx Brother total pleite unsere Welt verließ, lehnte es Groucho strikt ab, seine Freizeit mit Witzeerzählen zu vertun.

Vergeistigt wie er war, redete er sich seinen Astloch-Komplex lieber authentisch-real von der Leber.

Mit Erinnerungen wie dieser:

»Ich hatte mal ein Mädchen im Adolphus Hotel in Dallas, das habe ich achtmal in der Nacht gebumst ...«

Oder jener mit den Seidenhemden:

»Chico, der unser Aufreißer war, hatte mal wieder ein Girl aufgetan. Wir wohnten in einer Pension in Brooklyn. Dort gab es Gaslicht, keinen Strom. Wenn man wollte, konnte man das Gas ganz runterdrehen, so daß man nicht sah, mit wem man vögelte. Wir hatten uns drei Seidenhemden gekauft – Seidenhemden mit schwarzen Streifen. Harpo hatte eins, Chico hatte eins, ich hatte eins. Ich lag im Bett, als Chico mich weckte. ›Willst du ficken?‹ fragte er. ›Yeah‹, antwortete ich. ›Dann zieh dein Seidenhemd an und komm rüber in mein Zimmer.‹ Das tat ich und trieb es mit ihr ein paarmal. Danach ging er in Harpos Zimmer. ›Willst du bumsen?‹ Harpo nickte. ›Gern.‹ Darauf Chico: ›Spring in dein Seidenhemd

Auch im hohen Alter die heißen Girls fest im Griff: Groucho Marx in einem typischen Guest-Appearing in Otto Premingers Flop-Komödie ›Skidoo‹

und geh in mein Zimmer. Ich habe dort ein tolles Girl.‹ Harpo machte sich auf die Socken und besorgte es dem Mädchen. Dann wandte sich Chico wieder seinem Zimmer zu und verpaßte es ihr nochmal. Und sie wußte nicht, wie ihr geschah, denn das Gaslicht war runtergedreht, und wir trugen alle dieselben Seidenhemden. Am nächsten Morgen standen wir am Bühneneingang vom Bushwick Theatre. Wir trugen alle un-

sere Seidenhemden, als Chico sie Harpo und mir vorstell-
te ...«
Astloch Groucho-Style.
Noch ein Gedicht von ihm gefällig?
»Wenn ich für eine Zigarre zwei Dollar ausgeben müßte«, ge-
stand er einmal, »würde ich erst mal mit ihr ins Bett gehen.«
Er erzählte keine Witze. Er machte Witze. Rund um die Uhr.
Besonders in den kritischsten Situationen.
Er war knapp über 80, als er im Rollstuhl nach einer schwe-
ren Blaseninfektion ins kalifornische Universitätshospital
von UCLA geschoben wurde, um sich dort einer komplizier-
ten Unterleibsoperation zu unterziehen.
Während des Eincheckens eröffnete ihm die bulldoggige
Krankenschwester schonungslos, daß er während des Klinik-
aufenthalts höchstens fünf Dollar in bar bei sich haben dürf-
te.
Mißmutig rückte er die Brieftasche mit zweihundert Dollar
heraus.
Mit entsetzter Miene wandte er sich der Walküre in der
Schwesterntracht zu.
»Gesetzt den Fall, ich möchte mir ein Mädchen aufs Zimmer
holen, das sich splitternackt auszieht und sich auf mich legt?«
fragte er.
»Was für ein Mädchen kann ich für fünf Dollar kriegen?«
Ein Spontaniker des konsequent frivolen Ausrutschers. Ein
Verbalerotiker der letzten Konsequenz.
Während der Filmfestspiele von Cannes 1972 wurde er mit
dem Orden der Französischen Ehrenlegion ausgezeichnet.
Robert Favre-Le Bret, der Festival-Direktor, hängte ihm die
Medaille um den Hals, und das Publikum applaudierte ste-
hend und frenetisch.
Groucho sagte nur einen Satz in seinem besten Französisch
zu Monsieur Favre-Le Bret.
»Voulez-vous choucher avec moi?«
Der Direktor entgegnete charmant: »Ich werd's mir über-
legen.«

Selbst in harmlosesten Momenten versprühte er, ohne die geringste Schrecksekunde, das schwere süße Odeur betörend Freudscher Sumpfblüten.

Er war eben kein Praktiker wie Chico. Diesem Umstand verdankt die Nachwelt eine wahre Sintflut gesprochener Geschlechtsakte.

Im Zweiten Weltkrieg, als sein japanischer Gärtner im Internierungslager landete, war Groucho Marx gezwungen, selber Hand an seinen Hollywood-Garten zu legen. In Unterhemd und Hose kniete er schwitzend im Blumenbeet, das bis zur Straße reichte.

Ein Cadillac bremste. Aus dem Seitenfenster beugte sich eine Beverly-Hills-Lady der Seniorenklasse, der anzusehen war, daß auch ihr japanischer Florist zwangsabkommandiert war. Sie witterte vor sich den nichtjapanischen Ersatz.

»Verzeihung, Herr Gärtner«, flötete sie dem Mann zu, den sie nicht erkannte, »was für ein Gehalt zahlt Ihnen die Dame des Hauses?«

»Oh, ich werde nicht mit Geld bezahlt«, antwortete Groucho mit Unschuldsmiene. »Ich darf mit der Dame des Hauses ins Bett gehen ...«

Peng.

Seine ewigen Pengs erklärte er so: »Ich kann mir einiges herausnehmen – gewiß. Die Leute denken, ich mache Spaß. Tu ich aber nicht. Ich sage nur das, was ich denke. Ich erzähle keine Witze. Ich sage die Wahrheit. Und die ist manchmal ein Witz.«

Ein seltener Glücksfall.

Der Groucho auf der Leinwand ging nahtlos in den Groucho des Alltags über. Mit einem feinen Unterschied. Privatim brauchte er auf keine Zensurbestimmungen Rücksicht zu nehmen. Drum sind seine Daily-Life-Pointen handfester und leicht in alle Sprachen und Mentalitäten zu übersetzen.

Der Kino-Groucho wirft unlösbare Synchronisationsprobleme auf. Seine genialsten Wortspielereien fallen zwangsläufig unter den Tisch. Hinzu kommt, daß sämtliche deutsch synchronisierten Marx-Brothers-Filme sowieso einen einzigen Schluder-Skandal darstellen. Sie wurden mit derselben eiskalten Ignoranz eingedeutscht, mit der man zum Beispiel aus Stan und Ollie »Dick und Doof« machte. Nebenbei angemahnt: Neue, einfühlsamere Bearbeitungen sind längst überfällig. Vielleicht erbarmt sich das Deutsche Fernsehen, das in vorbildlicher Weise den Kultfilm »Casablanca« sprachlich und inhaltlich restaurierte. Marx-Werke gehören schließlich nicht ins Kinderprogramm zwischen Bugs Bunny und Tom & Jerry.

Aber selbst die kongenialsten Übersetzer werden sich speziell an Groucho die Zähne ausbeißen.

Wie soll folgender Monolog im gepflegten Hochdeutsch und korrekt lippensynchron ablaufen, den Groucho als seinen kürzesten Geniestreich bezeichnet hat?

Groucho als Mr. Hammer in »The Cocoanuts« an der Rezeption seines »Cocoanuts«-Hotels, den Telefonhörer samt Zigarre ans Ohr gepreßt – ein Gast ruft nach dem Zimmer-Service.

Original-Wortlaut:

»Hello. Yes, ice water in 318? Is that so? Where did you get it? Oh, you want some? Oh, that's different. Have you got any ice? No, I haven't. This is Cocoanut Beach. No snow. No ice ... Get some onions, they will make your eyes water!«

»Ice water« klingt identisch mit »eyes water«. Nehmen Sie Zwiebeln, sie werden Ihren Augen Wasser machen. Sorry, ist beim besten Willen unübersetzbar. Und in solch einem Fall wird dem Akteur eine Notlösung in den Mund gepfropft, an der er erstickt.

Es bietet sich für den fortgeschrittenen »marxistischen« Liebhaber lediglich eine Chance: Das Original mit deutschen Untertiteln.

Genaugenommen gilt das für alle ausländischen Tonfilme der komödiantischen Zunft. Der Wortwitz gehört zum Rüstzeug jedes Komikers und ist nun mal national durch und durch.

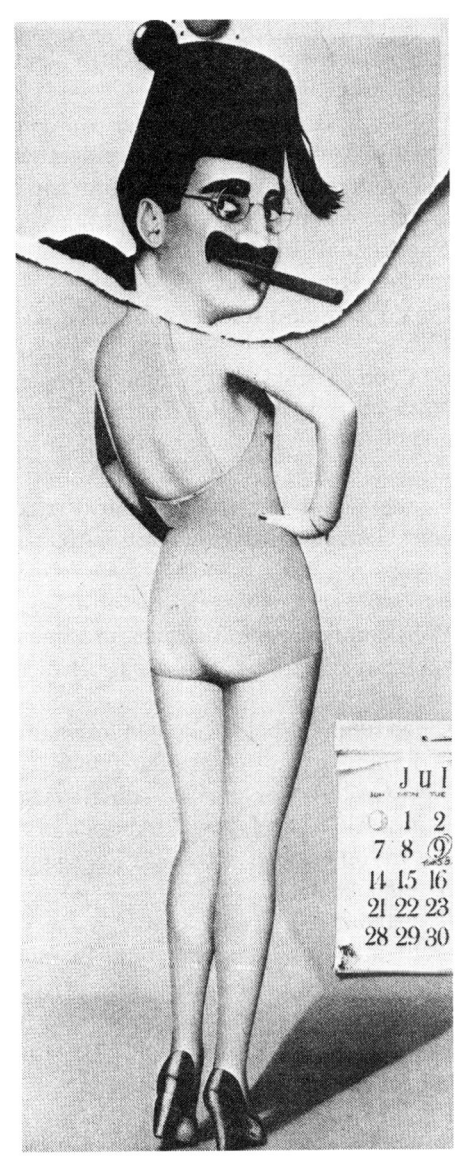

*Der verbale Auf-
reißer vom Dienst
zum Abreißen. Mr.
Peng als Kalender-
Pin-up*

Was um Himmelswillen, andersherum gefragt, soll aus dem mürrischen Mundwerk eines Karl Valentin auf japanisch herausklingen?

Die Marx Brothers haben sich von vornherein auf die unüberbrückbare Sprachbarriere eingestellt. Als Immigrantensöhne, deren deutsche Großeltern kaum ein englisches Wort lernten, brannte ihnen dieses Problem zwangsläufig auf den Nägeln, und sie fanden einen Ausweg.

In einer Dreier-Phalanx.

Im Vordergrund steht zweifellos Groucho mit seinen sophisticated, intellektuell überkandidelten Stegreif-Blitzen. Er weiß, daß er mit seinem kühnen Tempo, mit seinen rasanten Höhenflügen von vielen Zuschauern nicht verstanden wird und gleicht schon mal mit seiner begnadeten Körpersprache dieses Vakuum aus.

Er geht, als ob ihm was in die Hose gefahren wäre. Sein Augenrollen, sein Augenbrauen-Flattern reicht allein für den Oscar.

Er kann sich ungebremst die abstrusesten Schüsse aus der Wortkanone leisten, die sonst in keinem Unterhaltungsfilm verkraftbar wären. Denn er hat ja Chico und Harpo zur Seite.

Chico steht mit beiden Beinen im Staub der Gosse. Er weist den Bildungsgrad eines Kaugummi-Automaten auf, redet die Gastarbeitersprache amerikanischer Einwanderer-Slums. Ein Simpel, gewiß. Aber durchtrieben und gerissen, wie es sonst lediglich Gebrauchtwagenhändler und Spitzenpolitiker sind.

Dreist, dumm und unbelehrbar.

Stets tut er, als verstünde er nur Bahnhof, dabei versteht er Flugplatz. Mit der Intuition unterprivilegierter Überlebenskämpfer hat er den Dreh gefunden, sich gegen jegliche Besserwisserei, Schulmeisterei und Bevormundung zu behaupten.

Er stellt sich dümmer als die Polizei erlaubt und beharrt eisern auf seinem Unwissen.

In der Phalanx zu dritt sprengt der Marxsche Knallwitz alle (Sprach)-Grenzen, hier in ›The Big Store‹ mit Virginia Grey

Einer wie er würde alle deutschen Schulminister dazu bringen, aus dem Fenster zu springen.

Zum Glück gerät er nicht an einen deutschen Pädagogen, sondern an Groucho.

Und das hat ohne Ausnahme Lachmuskelkater zur Folge.

Ein klassisches Beispiel:

In »The Cocoanuts« beugt er sich mit Groucho über eine Landkarte …

Groucho: Now, here is a little peninsula, and here ist a viaduct leading over the mainland.

Chico: Why a duck? (Klingt wie »viaduct«)

Groucho (reagiert auf die zusammenhanglose Warum-eine-Ente-Frage, wie nur er reagieren kann): I'm all right. How are you? I say here is a little peninsula, and here's a viaduct leading over the mainland.

Chico: All right. Why a duck?

Groucho: I'm not playing Ask-Me-Another. I say, that's a viaduct.

Chico: All right. Why a duck? Why a – why a duck? Why-a-no-chicken?

Groucho: I don't know why-a-no-chicken. I'm a stranger here myself. All I know is that it's a viaduct. You try to cross over there a chicken, and you'll find out why a duck. It's deep water, that's viaduct.

Chico: That's-why-a-duck?

Und so weiter und so weiter ...
Wem Grouchos Zunge zu hoch ist, der kann sich an Chico
halten.

Und an Harpo.

Dieser dritte im Bunde triumphiert über alle Sprach- und Mentalitätsgrenzen. Ein Pantomime. Der klassische Clown. Stumm und derart beredt!

Stummfilm im Tonfilm. Was für eine göttliche Eingebung muß das gewesen sein, diesen lyrisch-poetischen Engel mit der Harfe aus dem Himmel der Musen auf die Erde zu entsenden.

Chico ist der Dolmetscher für Harpo, und Harpo spricht mit Gebärden, Mimik, mit Fahrradklingeln, Hupen, Topfdeckeln, zaubert das Absurde aus dem Ärmel.

Ihm sind keinerlei Schranken auferlegt. Ihn verstehen und lieben alle, und zwar auf den ersten Blick. Egal, wie mies die

Synchronisation ist. Harpo zielt ins Herz seines Publikums und trifft die Seele.

Die Kinder aller Nationen lieben Harpo und jedes einzelne Kind im Manne und im Weibe ...

In »Horsefeathers« macht ihn ein Penner auf der Straße an: »Say, Buddy, could you help me out? I'd like to get a cup of coffee ...«

Er will Knete für 'n Kaffee schnorren. Harpo im schönsten Sperrmüll-Chic langt tief in seine Manteltasche und gibt die wundervollste Antwort, die in solch einer Alltagsstraßensituation vorstellbar ist – er reicht dem Berber die ersehnte wohlig dampfende Tasse.

Zauberhaft!

Und der Beschenkte umklammert ungläubig mit beiden Händen die Untertasse, starrt dem Spender nach wie einem Neo-Jesus von der Heilsarmee ...

In »Monkey Business« lehnt Harpo an der Wand zwischen den Herren- und Damen-Toiletten. Da sieht man mal, er braucht nur irgendwo zu lehnen, und schon geht alles schief. Die Männer, die vor seinen Augen durch die Tür drängen, fliegen ruckzuck im hohen Bogen wieder heraus.

Mitleidig betrachtet er den dicken Burschen mit der Schiebermütze, der vor ihm auf dem Hintern landet.

Auch Harpo macht, daß er davonkommt, denn es wird ihm genauso unheimlich wie den anderen. Und siehe, das Schild »MEN«, neben dem er die ganze Zeit gelehnt hat, wird plötzlich zu »WOMEN«, dessen erste, verhängnisvolle Silbe er auf dem Gewissen und hinter seinem Rücken hatte!

Das ist Harpo, der Superstar des Tonfilms, der keine einzige Textzeile jemals memorieren mußte. Aber diesen bequemen Umstand kostete er nicht tatenlos aus. Seine sprachlosen Kaskaden konnte er von keinem Drehbuchautoren, der für die Marx Brothers schrieb, erwarten.

So reimte er sie sich selber zusammen, während der MGM-Zeit sogar mit genialer Unterstützung, mit keinem Geringeren als Buster Keaton.

Wo er auf der Bildfläche auftaucht, wird das Reale absurd oder das Absurde real.

Wenn er in einem Haus die falsche Tür aufreißt, rast schon mal ein Eisenbahnzug durch den Flur. Wenn er in »A Night at the Opera« beim Frühstücken Groucho die Zigarre wegnimmt, Chicos Schlips abschneidet und zum Sandwichbelag degradiert, dann wird diese Harposche Delikatesse auch genüßlich und ohne Murren verspeist.

Harpo und seine Harfe, das sind unwiederbringbare Glücksmomente der Talking Pictures.

Jeder Mensch, der sich durch ihn verzaubern läßt, fühlt, daß dieser Clown in den Sphären des schwarzweißen Zelluloids nicht spielt, sondern *ist!*

Hotelfrühstück à la Magic Harpo. Heute als Nahrungsmittel-Satire brand-aktuell – was ist in dem Zeug drin, das wir so bereitwillig einpfeifen?

Harpo auf der Leinwand und Harpo privat müssen identisch sein!
So was kann keiner einfach mimen.
Oder etwa doch?
Ein bunter Blumenstrauß aus einer Handvoll Alltagsblüten mag die Antwort geben.
Während einer Tournee zermarterten sich die drei Marxens den Kopf über einen zündenden Finale-Sketch, in dem eine Figur vorkommen sollte, eine Gangsterbraut namens Cockey Flo, die gerade die Zeitungsschlagzeilen beherrschte. Um es vorwegzunehmen: Sie bekamen diese Szene hin, Cockey-Flo-Szene genannt, die später in ihrem Film »A Day at the

Races« detonierte, wo Dr. Hackenbush (Groucho) dem Blond-Vamp Flo an die Wäsche will, während Harpo und Chico dazwischenfunken und das Zimmer tapezieren.

Der zündende Einfall ließ lange auf sich warten. Vor und nach jeder Show hockten die drei zusammen, diskutierten, grübelten, daß die kleinen grauen Komikerzellen glühten.

Nach dem Essen kehrten sie niedergeschlagen in ihr Hotel zurück. Das Foyer war menschenleer.

Eine arme alte Reinemachefrau rutschte auf den Knien über den Parkettboden und schrubbte.

Groucho ging zu ihr rüber und fragte: »Haben sie zufällig eine Cockey-Flo-Szene in der Schürzentasche?«

Die Frau blickte verwirrt von ihrer Arbeit auf, wußte nicht, was sie sagen sollte. Groucho und Chico lachten. Harpo schwieg betroffen. Er spürte den unfairen, taktlosen Ausrutscher.

Während seine beiden Brüder zum Fahrstuhl eilten, trat er zu der Putzfrau, nickte ihr lächelnd zu und steckte ihr fünf Dollar zu.

Ihm war das peinlich, wie die alte Frau behandelt worden war ...

An einem eiskalten Winterabend machte sich das Komödiantentrio auf den Weg ins Theater. Auf der 42. Straße stand ein Bettler und spielte Geige. Als sie an ihm vorbeigegangen waren, entschuldigte sich Harpo, marschierte zurück, lieh sich von dem Burschen die Violine und spielte darauf. Er schloß mit dem Bettler Freundschaft, dafür brauchte er keine Worte ...

Chico jagte dem Sex und den Spielschulden nach. Groucho prügelte sich mit drei Ehen herum. Harpo lebte in den Traumgespinsten des musisch-zartbesaiteten Spinners. Der verspielte Junggeselle par excellence. Aber mit 41 Jahren heiratete er plötzlich und träumte den Traum des Familienglücks, adoptierte vier Kinder, Billy, Alexander, James Arthur und Minnie Susan.

Die paradiesische Harmonie blieb ihm treu.

Clown mit Charme und ohne Worte: Harpo clincht Mary Eaton in ›The Cocoanuts‹

Er wurde ein Ehemann und Familienvater, wie es ihn in Hollywood nie wieder geben wird. Kaum waren die Kinder da, ließ er den Swimmingpool zuschütten, damit ja nichts passieren konnte.

Schnappschuß bei ›A Night in Casablanca‹ fürs Familienalbum. Chico, Groucho und Harpo mit (von links nach rechts) Harpos Kindern Alexander, James Arthur, Billy und Minnie Susan

Und er sagte: »Ich möchte so viele Kinder adoptieren, wie ich Fenster im Haus habe. Wenn ich mal weg muß, möchte ich, daß aus jedem Fenster ein Kind schaut und mir nachwinkt …«

Allround-Spaßvogel George Jessel stellte ihn auf einer Party mit folgenden Worten vor: »Schauen Sie sich ihn an – in Brüssel gibt es eine Kirche, dort sind obendrauf lauter kleine Putten. Und alle sehen aus wie Harpo Marx!«

Und wie analysierte sich der Inbegriff Brüsseler Putten selber? – »Die meisten Menschen besitzen ein Bewußtsein und ein Unterbewußtsein. Nicht ich. Ich habe nur ein Unterbewußtsein und ein Unter-Unterbewußtsein.«

Kein Wunder, daß er und nicht der belesene, literarisch ambitionierte Bücherwurm Groucho, das Lieblingskind des Künstler-Jet-set wurde.

Salvador Dali gab der Groucho-Biographin Charlotte Chandler überschwenglich zu Protokoll: »Dali wollte Harpo

kennenlernen. Dali rief Harpo an. Harpo wollte Dali kennenlernen. Dali ging zu Harpo und schenkte Harpo eine Harfe, eine Harfe, deren Saiten aus Stacheldraht waren. Harpo
ging zu der Harfe und spielte, und seine Hände wurden über
und über blutig. Von diesem Tag an waren Dali und Harpo
stets Freunde, und Dali malte ein Bild von Harpo mit einem
Hummer auf dem Kopf.«
Marxer geht's nicht!
Das haben die Gebrüder jedem Solo- oder Duett-Komiker
voraus. Das Publikum kann sich jeweils seinen Liebling aus
dem Wahnsinns-Trio herauspicken. Sie bieten jedem was.
Ein Vorteil, der später im Popbusiness Furore machte, mit
den Beatles, mit den Rolling Stones, mit den Gruppen ohne

Drum picke sich jeder selber seinen Liebling von den Brothers heraus:
Chico, Harpo, Zeppo oder Groucho?

Groucho und seine Zielscheibe Margaret Dumont

Ende. Wem John Lennon zu sehr ätzt, Paul McCartney zu sehr süßelt, George Harrison zu sehr schweigt, der wird eben mit Ringo Starr, dem Naividol an den Drums, glücklich oder umgekehrt mal drei.

Ragout der Identifikationen.

In den Anfängen trieben die Marx Brothers ihr böses Spiel sogar zu viert.

Im Varieté mit Bruder Gummo, am Broadway und in den ersten Hollywoodfilmen mit Brüderchen Zeppo.

Gummo und Zeppo befriedigten das vierte Bedürfnis im

Parkett – Typ Beau, Soft-Charmeur und Frauenheld fürs Happy-End.

Das konnte auf die Dauer nicht gutgehen. Drei Verrückte und ein Normaler, das artete in Langeweile aus.

Notierte ein Rezensent ausnahmsweise mal mit Fug und Recht: »Zeppo macht aus dem Quartett ein Trio.«

Das vierte Rad am Rolls-Marx – eine Panne.

Aller guten Dinge sind drei.

Groucho & Harpo & Chico. Basta bis in alle Ewigkeit.

Obwohl – eine Klette hängt ihnen doch am Hemd: Margaret Dumont, die in sieben von den dreizehn Marx-Filmen als Grouchos Zielscheibe herhielt, vom Scheitel bis zur Sohle die ewig und einen Augenblick empörte, entrüstete Bourgeoisie-Fregatte, breitbrüstig, breitgesäßig und breitbackig. Grouchos edelstes Opfer. Klunker-Lady, die um so überzeugender über die Leinwand kam, weil sie keinen Scherz, der mit ihr gemacht wurde, jemals verstand.

Sie hatte als Opernsängerin gearbeitet, danach als Showgirl, widerwillig geriet sie ins Klamottenfach, weil sich ihr nichts anderes bot. Wahrscheinlich war es für sie Selbstschutz, daß sie nichts verstehen wollte, was um ihre Schwiegermütterbrüste herum geschah.

Auch so kann ein Schauspielermensch auf den Olymp gelangen.

Wie in »Duck Soup« wurde sie stets mit einer Zyankalisüße verkackeiert, daß es nur so eine Freude ist:

Rufus T. Firefly (Groucho): Not that I care, but where is your husband?

Mrs. Teasdale (Margaret Dumont): Why, he's dead.

Firefly: I'll bet he's just using that as an excuse.

Mrs. T: I was with him till the very end.

Firefly: Huh! No wonder he passed away.

Mrs. T: I held him in my arms and kissed him.

Firefly: Oh, I see. Then it was murder. (Ohne Luft zu holen, groucht er weiter:) Will you marry me? Did he leave you any money? Answer the second question first …

Sie war nicht eingeplant, aber ehe man sich's versah, gehörte Old Dumont zum Marxschen Komplott dazu. In den Filmen, in denen sie nicht mit von der Verarsche-Partie war, hinterließ sie eine klaffende Lücke.

Soviel zu dem pointengeladenen Streifzug durch die Schalkschädel unserer drei Helden.

Nichts sagt nun einmal mehr aus über die Marx Brothers, als sie es selber tun.

Scharfdenker Groucho hat vorhergesehen, was für ein literarischer Krampf mit ihnen getrieben werden würde, sobald sie nicht mehr von dieser Welt wären.

In seinen Memoiren »Groucho and Me« (»Schule des Lächelns«) brach er eine Lanze für seinen Kauzkollegen Red Skelton, Sohn eines Clowns, hierzulande unbekannt wie Hans Moser in New Orleans, den er als Chaplins wahren Nachfolger einstufte.

Er schrieb über ihn, was insgeheim für ihn und seine Brothers gilt: »Ich fürchte, eines Tages werden sich die ›Intellektuellen‹ mit ihm befassen und aus seinen Possen soziale Bedeutung herauslesen. Hoffentlich geschieht das nicht, denn dadurch ist schon manch guter, echter Komiker zugrunde gerichtet worden.«

Wie wird man ein guter echter Marx, wenn nicht aus sozialkritischem Antrieb?

Groucho, der als Kind eigentlich Arzt werden wollte, wie Dr. Beltrofer, der Hausarzt der Marxens in New Yorks 93. Straße, überlieferte eine verblüffende Antwort: »Ich glaube, Komiker wird man durch Versuch und Irrtum ...«

Zwei Tugenden, die in der heutigen Zeit ratzekahl ausgemerzt sind, haben die Marx Brothers wahrgemacht. Es immer wieder zu versuchen, von Flop zu Flop, von Reinfall zu Reinfall. Die lange, wetterempfindliche Wachstumsperiode des Genialen.

Es gibt keine totalen Komiker mehr?

Tja. Warum wohl?

Ein Versuch. Ein Irrtum. Kopf ab, und dann winkt nur noch

die bürgerliche Existenz mit der frühzeitigen Pensionierung.
Die ängstlich verlogene Perfektion duldet keinen Gnaden-
aufschub für unbequeme Geister.

Unser kleinbürgerliches Sicherheits- und Versicherungsden-
ken klappert mit der Gartenschere. Geile Triebe – schnipp.
Phantastischer Wildwuchs – schnapp.

Deswegen liest sich ja auch die Karriere-Story der drei Brüder wie ein Märchen der Gebrüder Grimm.

Es war einmal ... Versuch und Irrtum, nicht tagelang, wo-
chenlang, monatelang, jahrelang, jahrzehntelang, sondern
schon zwei Generationen davor ...

Die Geschichte von Groucho, Harpo und Chico beginnt in
Deutschland. In Ostfriesland.

In dem Flecken auf der Landkarte, der noch heute Dornum
heißt.

Drei Kilometer von der Nordseeküste entfernt.

Vor den Komödien, die die Welt begeistern, stehen die Dramen und Tragödien, die beinahe vergessen sind.

Ausgrabungen in Dornum

Kein Mensch fällt vom Himmel.

Erst recht kein Marx.

»Soweit ich mich zurückerinnern kann«, schreibt Groucho in »Groucho and Me«, »lebten meine Großeltern bei uns in jeder Yorkviller Wohnung, in der wir zufällig gerade hausten. Sie waren in Deutschland Artisten gewesen – mein Großvater Bauchredner und meine Großmutter Jodlerin, die zur Begleitung an den Saiten einer Harfe zupfte. Er hieß Lafe Schoenberg und sie Fanny. Als er fünfzig Jahre zählte, wanderten sie nach Amerika aus ...«

Aha, aus einer Artistenfamilie stammen sie. Bauchreden, jodeln, sogar Harpos Harfe taucht bereits in Omas Händen auf.

Weiter notiert Groucho: »Meine Mutter stammte aus einem Dorf in Deutschland, das Donum hieß und ungefähr dreihundert Einwohner hatte, darunter vier Kühe, die manchmal von einem Nachbardorf herbeistreunten.«

Donum in good old Germany?

Ein Blick ins Postleitzahlen-Buch der Deutschen Bundespost enthüllt: Ein Donum gibt es nicht!

Zum Glück hat Groucho einen Sohn namens Arthur, von ihm Andy oder »Bigfoot« genannt, der »Son of Groucho« geschrieben hat.

Wörtlich: »Meine Großmutter, die legendäre Minnie Marx, wanderte während der zweiten Hälfte des neunzehnten Jahrhunderts in New York City ein. Sie kam aus Dornum, Deutschland.«

Hey – Dornum, mit dem kleinen Unterschied des kleinen »r«, gibt es! Kreis Norden, Postleitzahl 2981.

Ein weiteres Indiz findet sich in »Harpo speaks«. »Zu Hause sprachen die Marxens Plattdeutsch«, berichtet Harpo.

Groucho-Biographin Charlotte Chandler benennt den deut-

schen Ort des Marxschen Erbes in ihrem 482-Seiten-Werk
»Groucho und seine Freunde« überaus eindeutig: »Minnie,
damals Minna, wurde 1864 in Dornum in Friesland geboren.«

Noch irgendwelche Zweifel?

Mit deutschen Namen, deutschen Städten ist das in der amerikanischen Literatur so eine Sache. Wer hat hierzulande
schon einen Opi namens Lafe, eine Omi namens Fanny? Genauso leicht wie in amerikanischen Texten Schönberg zu
Schoenberg wird, können sich in jedem Begriff verhängnisvolle Veränderungen einschleichen und Hand in Hand mit
Vermutungen und Legenden daherschreiten.

Kommt Minnie tatsächlich von Minna? Oder von Maria?
Oder von ...?

Anno 1880, vor gut hundert Jahren, ist Minnie im Alter von
fünfzehn Jahren mit ihren bauchredenden und jodelnden Eltern emigriert.

Da muß es doch noch Eintragungen in den Archiven geben,
die Hochzeit von Lafe und Fanny, die Geburt von Minnie!

Da sind doch Spuren zurückgelassen worden, und wenn auch
nur schwarz auf weiß!

Vorausgesetzt das mit Dornum in Ostfriesland stimmt ...

Es hilft nur eins: hinfahren und checken.

Eine Eintausend-Kilometer-Fahrt von München nach Dornum macht vorsichtig. Also versuche ich erst mal telefonisch
herauszufinden, ob mir der Name Marx Brothers dort Haus
und Tür öffnet.

Ich rufe 04933−362, die Samtgemeinde Dornum. Wie der
Buchbinder Wanninger werde ich von Vorzimmerdame zu
Vorzimmerdame verbunden. »Wen? Was? Marx Brossers?
Tut mir leid, nie gehört«, tönt es mir entmutigend entgegen.

Dornum, so erfahre ich, zählt eintausend Einwohner. Kann
das sein, so frage ich mich, daß das total unbekannt sein soll,
daß diese kleine Stadt weltberühmte Hollywoodstars als Enkel hat?

Immerhin wäre dies allein schon mal berichtenswert ...

Im anderen Deutschland namens DDR wurde für einen anderen weltberühmten Marx-Bruder am 10. Mai 1953 die Stadt Chemnitz in Karl-Marx-Stadt umbenannt, zu Ehren eines gewissen Karl Marx, der nicht mal einen einzigen Hollywoodfilm gedreht hat. Und hier im goldenen Westen der Nation sollten wir so tief gesunken sein, daß wir gleich drei Marx-Brüder aus unserem Bewußtsein verdrängt haben, die als Begründer des lachhaften Marxismus gelten?

Warum ist Dornum am 10. Mai 1953 nicht in Marx-Brothers-Stadt umgetauft worden?

Warum findet in Dornum nicht alljährlich ein Marx-Brothers-Filmfestival statt? Warum wird dort nicht alljährlich ein Marx-Brothers-Preis für neue Komikertalente verliehen? Warum fragen alle Sekretärinnen in der Dornumer Gemeindeverwaltung ins Telefon: »Wen? Was? Marx Brossers? Tut mir leid, nie gehört!«

Etwas muß ich vorausschicken, damit die Tragweite des ostfriesischen Erbes klar ist. Für einen deutschen Patrioten ist es ein Kinderspiel, halb Hollywood und seine Stars auf irgendwelche deutsche Vorfahren zurückzuführen, und das hat äußerst selten mit Humor zu tun. Anders bei Groucho, Harpo und Chico. Alles haben sie in der Tat von ihrer Mutter, von ihren Großeltern mütterlicherseits, von dem Bruder und der Schwester ihrer Mutter. Von ihrem Vater Simon »Sam« Marx, genannt Frenchie, haben sie wirklich nur den Namen geerbt. Frenchie kam aus Straßburg, aus Elsaß-Lothringen, in die USA und schlug sich erst als Tanzlehrer, dann als erfolgloser Schneidermeister in New York durch.

Das Blut der Artisten steuerten ausschließlich Mama Minnie und ihr Clan bei.

Mit denselben Preßwehen, mit denen Minnie ihre Söhne auf die Welt brachte, brachte sie sie auf die Bühnen der Provinz-Varietés, des Broadway und in die Studios Hollywoods. Minnie war ihre Tingeltangelpartnerin, ihre Regisseurin, ihre Künstleragentin, ihre Karrieredurchboxerin. Minnie verdanken die drei alles und ein bißchen mehr.

Mamarx Minnie aus Kaiser Wilhelms good old Germany

1974, als Groucho seinen Oscar erhielt, mit dem Special Academy Award der Academy of Motion Picture Arts and Sciences ausgezeichnet wurde, sagte er: »Meine Mutter war eine phantastische Frau. Sie sammelte uns – sie brachte uns zusammen. Sie machte aus uns einen Strauß Blumen …«

Auf rührende Weise haben Groucho, Harpo und Chico ihr gedankt: Ihr zu Ehren tragen die Töchter der Marx Brothers einen Namen, der mit M wie Minnie beginnt. Grouchos älteste Tochter heißt Miriam, seine jüngste Melinda. Harpos Adoptivtochter heißt Minnie, Chicos Tochter Maxine!

Auf rührende Weise hat ihr auch das amerikanische Showbusiness gedankt.

Hollywoods Starschreiber Julius Epstein, einer der oscargeehrten Drehbuchautoren von »Casablanca«, verfaßte 1956 ein Script mit dem Titel »Minnie's Boys« das jedoch niemals verfilmt wurde. Keine Produktionsgesellschaft wurde mit dem Problem fertig, wer die Marx-Brüder als Jungs spielen sollte. 1970 kam es als Musical am Broadway heraus. Ein jubulöser Erfolg. Keine Geringere als Shelly Winters verkörperte die Mutter der Super-Brothers in ihrem schier sagenhaften Ringen, aus ihren drei Rotznasen drei Denkmäler des anarchistischen Witzes zu machen.

Wie gesagt, wenn Minnie aus diesem Dornum stammt und mit ihr die gesamte Tingeltangel-Schönberg-Sippe, dann ist das kein entfernt verwandter Familien-Futzelkram, den es dort auszugraben gilt ...

Tja, und dann springst du in dein Auto, die Kühlerhaube auf den klaren Norden gerichtet, und das Abenteuer deiner Jahrhundert-Recherche beginnt ...

Wer weiß, wer dir in Grouchos, Harpos und Chicos Vor-Stadt über den Weg laufen wird?

Irgendwelche Schönberger, die im affigen Groucho-Gang über die Deiche marschieren, Chico-Hüte tragen und heimlich in den Dünen Mutters Löckchenperücke überstülpen und Harfe spielen?

Gräber mit tragikomischen, satirisch-sarkastischen Inschriften?

Du wirst durch ein Dorf laufen und es mit den Augen eines jungen Groucho, eines jungen Chico sehen.

Denn zwei Marxbrüder haben Mamas, Opas und Omas Stadt besucht.

Und während du über die Autobahn jagst, hörst du Groucho reden, wie er sich im Interview mit seiner Biographin Charlotte Chandler erinnerte: »Als ich fünf Jahre alt war und blonde Locken hatte bis hier, fuhr ich mit meiner Mutter nach Deutschland. Meine Mutter hatte sich Geld von Sarah Wolfenstein geborgt, dann rief sie uns drei Jungs zusammen und sagte: ›Ihr könnt entweder eine Kinderkarre haben oder nach Deutschland fahren.‹ Harpo zog die Kinderkarre vor – Chico und ich fuhren mit nach Deutschland in ihre alte Heimatstadt ...«

Ein salomonisches Ultimatum für Aus- und Einwanderersöhne: Kinderkarre oder Reise in die Vergangenheit!

Groucho mit fünf und Chico mit acht Jahren hinter den Deichen. 1895. Zwei aus den New-York-Slums des täglichen Survival mit allen Mitteln in der Ansichtskartenlandschaft des »Moin, Moin«. Was bleibt da in den Köpfen und Herzen hängen außer den vier Kühen aus dem Nachbardorf?

1966 stattete Groucho Marx mit seiner dritten Ehefrau Eden und seiner damals zwölfjährigen Tochter Melinda erneut Deutschland einen Besuch ab. In Berlin offenbarte er dem B.Z.-Reporter in seinem besten Deutsch: »Fünf Tage wir bleiben hier – und nur essen Kartoffelsalat«, und er machte einen kurzen Abstecher nach Wien, zur sogenannten Viennale, wo die Retrospektive den Marx Brothers gewidmet war.

Groucho, weit über siebzig, schoß eine Handvoll Pointen ab. Als das österreichische Fernsehen ihn haben wollte, fragte er außer sich: »Was? Fernsehen habt ihr auch schon hier?«

Man wollte ihn zum österreichischen Staatspräsidenten bitten und nannte ihm den Namen. Groucho perplex: »Und ich dachte, ihr habt hier immer noch den Franz-Joseph ...«

Einer der Festspielherren wollte wissen: »Weshalb nahmen Sie denn früher nie an Filmfestspielen teil?« Erwiderte Groucho seelenruhig: »Wegen solcher Leute wie Ihnen!«

Ein Pressebetreuer fuhr in seinem Wagen mit. Stauchte ihn Groucho, der Stinkstiefel des Charmes, erbarmungslos zusammen: »Aber daß Sie mir ja nicht den Wagen schmutzig machen, verstanden?«

Ob er nach Berlin und Wien auch in Dornum vorbeigeschaut hat?

Vielleicht gibt es im besten Hotel am Platze eine Übernachtungseintragung unter dem Namen Captain Jeffrey T. Spaulding, Professor Quincy Adams Wagstaff, Impresario Otis B. Driftwood oder Dr. Hugo Z. Hackenbush.

Oder gar einen deftigen Spruch plus Autogramm im Gästebuch des Renommier-Lokals, und sei es nur ein »Groucho was here!« ...

Der Mensch spinnt sich was zurecht, der sich auf eine derartige Reise in die Vaterstadt der Marx Mother begibt.

Die amüsanteste Vision erwischt mich knapp hinterm Kohlenpott.

Eine dolle Reportage wird dieses Buch schmücken. Ein Dorf sprüht über vor Anekdoten. Der Bürgermeister höchstpersönlich kramt ein vergilbtes Foto aus dem Familienalbum, das seine Urgroßmutter Elfriede zusammen mit Lafe und Fanny Schönberg zeigt, und in Elfriedes Armen kräht das Baby Minnie. Die Marxschen Ahnen werden wieder lebendig, und jede Erinnerungsschmonzette ist typisch Marx durch und durch.

Das Heyne-Buch der sensationellen Ausgrabungen erscheint. Die Welt kommt aus dem Staunen nicht heraus. Die Story wird in siebenundzwanzig Sprachen gedruckt, der Münchner Autor Ulrich Hoppe erhält den amerikanischen Pulitzer-Preis.

Und kaum schnellen seine Honorare in schwindelerregende Höhen, jagt eine kleine AP-Meldung durch die internationalen Ticker: Minnies Geburtsort , so haben neue Nachforschungen einwandfrei geklärt, heißt in Wirklichkeit Bahrendorf, liegt im Kreis Wanzleben, im Bezirk Magdeburg, in der DDR.

Nach der Sache mit den Hitler-Tagebüchern nun dieses. Der jäh in Verruf geratene Autor beteuert seine Unschuld. Was

Pulitzer-Preis für
den Münchner
Marx-Rechercheur
Ulrich Hoppe! Und
dann sowas…

kann er dafür, wenn sich das Dorf Dornum auf seine Sugge-
stiv-Fragen das alles nur eingebildet hat?
Auf alten Fotos von achtzehnhundertnochwas sehen alle Eltern und alle Töchter gleich aus …
Einige Autobahnabschnitte hindurch habe ich mich mit dieser Vision sogar angefreundet. Sie hat Marxschen Witz und
könnte glatt einen kompletten New-Wave-Film tragen. Ein
Journalist der 80er Jahre recherchiert verbissen in einem ostfriesischen Nest herum, das nichts, rein gar nichts mit Groucho, Harpo und Chico zu tun und zu schaffen hat, aber alles,
was er an Tatsachen und Geschichten zutage fördert, ist dennoch die Wahrheit und nichts als die Wahrheit über Groucho, Harpo und Chico.
Vielleicht sollte ich, wenn ich dieses Buch hier fertighabe,
durch ein paar bundesdeutsche Fernseh-Etagen tigern, um

diese Autobahn-Eingebung dem Meistbietenden aufzuhalsen. Internationale Stoffe aus deutschen Landen sind schließlich nicht der Alltag hierzulande.

Spaß beiseite.

Wer tausend Kilometer ins Ungewisse fährt, kriegt auch konkretere Einfälle.

Irgendwo hinter Rheine holt mich in meinen Gedanken, die um 1880 ranken, die Realität ein. An einer Autobahnraststätte fällt mir eine kinderreiche türkische Familie auf, die im überladenen, ramponierten Ford aufeinanderhockt und Picknick macht. Den Mitbringseln nach zu urteilen, die dem Wagen X-Beine machen, sind sie auf der Fahrt in die Türkei. Die zwei Jungen, die auf dem Parkplatz mit einer leeren Coke-Dose Fußball spielen, könnten im Alter von Groucho und Chico sein, als sie ihre ferne, alte Heimat besuchten.

Mir fällt Minnies Ultimatum ein – Kinderkarre oder mit nach Deutschland ...

Und plötzlich projiziere ich »Minnie's Boys« auf einen BRD-Trip 1985.

Die Mutter kommt im großen Familienclan aus der Türkei, sagen wir aus einem Flecken in der Nähe von Izmir, nach Berlin-Kreuzberg. Ihre Eltern werden ihr Leben lang kaum ein Wörtchen Deutsch lernen. Da sie mit fünfzehn im Wunderland an der Spree eintrifft, wird sie die neue Sprache lernen. Sie heiratet einen Jugoslawen, mit dem sie sich nur in der neuen Sprache unterhalten kann. Ihre fünf Söhne werden in Berlin geboren, sozusagen deutsch geboren. Daheim in engen Zimmern und im absoluten Existenzminimum stapelt sich förmlich die türkische Verwandtschaft.

Und drei ihrer Söhne boxt diese dralle, beherzte Türkin aus dem Kreuzberger Slum in die gleißenden Scheinwerfer nicht nur ihrer neuen Heimat, sondern der ganzen Welt.

Drei deutsche Super-Komiker am Firmament, Söhne einer Türkin und eines Jugoslawen – die brillantesten Jongleure der deutschen Sprache, die verblüffendsten Olympioniken der deutschen Phantasie!

»Minnie's Boys« made in West-Germany.

Demnächst in Ihrem Theater ...«

Da wir Amerika nahezu alles nachmachen, warum nicht auch das?

Immigranten-Kinder sind eine Chance, ein Geschenk – sogar für die Abermillionen, die in ihren borbierten Ressentiments nicht daran glauben, es gar nicht verdienen.

Wer wohl wird in der Zukunft auf dem heimischen Acker der Literatur, im Showbusiness im weitesten Sinne am gewitztesten auf deutschen Idiomen und Syndromen herumhacken können? Die treuteutonischen Massen werden im Zuge der Freizeitgesellschaft das Publikum darstellen. Die Akteure werden zum Beispiel eine türkische Mutter und einen jugoslawischen Vater daheim haben, und die Leute im Parkett werden sich auf die Schenkel klatschen vor Vergnügen und über jede Pointe wiehern, die sich nur die ausdenken konnten, die ihre Kindheit in einem Schmelztiegel der fremden Zungenschläge und Mentalitäten verbracht haben ...

Die nächsten Marx Brothers, so träume ich, als ich mich Emden nähere, kommen bestimmt aus Berlin-Kreuzberg. Die gesamte Literatur über die nächsten Marx Brothers wird auf deutsch in Deutschland verfaßt werden, bis dann der nächste Autor der Heyne-Filmbibliothek, pardon: der Ali-Filmbibliothek, ein Türke sein wird, der sich in Istanbul ins Auto schwingt, sich auf den Weg in das Dorf bei Izmir macht und die Fußspuren der typisch deutschen Star-Komiker zurückwandelt.

Nach dem Motto: Kein Mensch fällt in Berlin-Kreuzberg vom Himmel.

Mein türkischer Kollege in knapp hundert Jahren wird das gleiche Problem haben wie ich. Stimmt der angegebene Ort? Wenn ja – wo liegt der Beweis schwarz auf weiß?

Nur noch ein paar Kilometer ...

Die Kreisstadt Norden mit ihrem Doornkaat-Konzern im Rückspiegel, passiere ich die klotzigen Sendemasten von Norddeich-Radio, dem Seefunkdienst vom Dienst, der ebensoweit funkt wie ein Marx-Brothers-Joke, nämlich rund um den Erdball.

Plattes Land im Schutz der Deiche. Scholle mit Wassergräben. Die ersten Windmühlen, die nicht mehr klappern. Die knorrigen Alleebäume, die nur in eine Richtung wachsen, bucklig von den Nordseewinden ins Landesinnere gebückt, erinnern mich jäh an Grouchos Gangart.

Hier bleibt einem nichts anderes übrig, als in steifer Bö in den Kniekehlen runterzuklappen, sich ein paar Köpfe kleiner zu machen, um nicht umgeweht zu werden.

Wer lacht da?

In den Ostfriesenwitzen, die heute keiner mehr hören will, laufen sie wie Groucho, ziehen die Hände hinter sich auf dem Erdboden her.

In jeder Ortschaft, die ich durchfahre, verdrehe ich den Kopf, um einen Einheimischen im tiefgesenkten Trott zu sehen. Ohne Erfolg. Aber das liegt gewiß daran, daß lediglich ein leiser Wind geht. Zudem ist es gerade Mittagszeit, und da läßt sich sowieso niemand auf der Straße blicken ...

Und plötzlich taucht das Ortsschild »Dornum« zwischen mächtigen Pappeln auf.

Du läßt deinen Wagen im zweiten Gang über die Hauptstraße rollen, schaust nach rechts und links, um wenigstens die vier streunenden Kühe aus Grouchos Memoiren zu erspähen – die Stadt kommt dir größer vor, als du gemeint hast, sehr hübsch, sehr idyllisch, wie frisch gebadet, eingeseift und gepinselt.

Gleich hinter dem Ortseingang weht die amerikanische Flagge, ein US-Army-Stützpunkt auch hier, eine Sparkasse, eine Bank, ein »Sirtaki«-Griechenlokal, eine Currywurst-Bude, noch eine abknickende Vorfahrt, das Schild »Polizei«, der Uniformierte zieht angesichts des Münchner Kennzeichens die Augenbrauen hoch, anscheinend steht er Tag und Nacht vor seiner Station.

Ich fahre unauffällig an ihm vorbei, aber schon ist der Ort zu Ende, ich wende, fahre erneut an dem Dorfpolizisten vorbei

Links Pappeln, rechts Pappeln und endlich ›Dornum‹ auf gelbem Grund

und weiß im selben Augenblick, während er mir nachblickt, daß ich bereits observiert bin und Fragen aufwerfe.

Was macht ein Münchner außerhalb der Urlaubssaison in Dornum?

Er stellt seinen Wagen erst mal vor dem Postamt ab, zwängt sich in die Telefonzelle, blättert durch das Telefonbuch und sucht den magischen Namen Schönberg in allen möglichen Schreibweisen.

Fehlanzeige!

Im Nu macht sich Enttäuschung breit, also schnell wieder hinter das Lenkrad und sämtliche Straßen bis zum Ortsende abklappern. Endlich finde ich etwas, was Groucho und Chico, ihrer Mutter Minnie und allen von der Schönberg-Mischpoke in den Köpfen gesessen haben muß: die alte, malerische

Es ist alles so bunt hier: die Bockwindmühle...

Bockwindmühle, erbaut im Jahre 1626, in der sogar noch bis 1974 das Mehl gemahlen wurde.

Im Herzen von Dornum – das alte Schloß vom alten Grafen Mönster mit der schönen Ziehbrücke und dem Türmchen.

Es ist alles so schön bunt hier, und beim ostfriesischen Tee im »Burghotel« fällt mir ein Prospekt in die Hände, dessen Text nicht übertrieben klingt: »Reizvolle ostfriesische Baudenkmäler verkünden die traditionsreiche Geschichte Dornums. Schlösser, Burgen, Kirchen, Kapitänsgräber, Mühlen, Zeugen ruhmreicher Vergangenheit, beweisen die Heimatliebe der Ostfriesen, ihre Verbundenheit mit Vergangenem, aber auch ihren realen Wirklichkeitssinn mit Blick in die Zukunft ...«

...und das Schloß

So mögen es jedenfalls die Urlauberkolonnen.

Aber ich bin auf eine ganz spezielle Vergangenheit aus. Im chicsten Hotel, in der »Beningaburg«, quartiere ich mich ein, studiere auf der Treppe die Hausordnung – »Bitte nehmen Sie Ihre Holzpantinen in die Hand! Vielen Dank!« – und frage die Chefin, ob bei ihr mal Hollywoodstars logiert hätten.

»Marx Brossers?« wiederholt sie, schüttelt die gepflegte Frisur.

Näheres Nachhaken endet abrupt. Das »Burghotel«, vormals im adeligen Privatbesitz, existiert erst seit Grouchos Tod.

Nein, der Name Marx, der Name Schönberg, sage ihr nichts.

Ich mache mich auf den Weg zur Gemeindeverwaltung. Vor

der St. Bartholomäus-Kirche frage ich zwei junge, blonde Frauen, wie ich da hinkomme.

»Wollen Sie vielleicht zum Samtgemeindebürgermeister?« fragt die eine.

Ich verneine verwirrt. »Nein, nur zum Bürgermeister«, antworte ich bescheiden.

»Weil das mein Vater ist«, fügt sie hinzu, »und der ist zu Hause.«

Als ich die beschriebene Abkürzung über den Friedhof nehme, tut es mir auf einmal leid, daß ich mich derart desinteressiert an ihrem Vater gezeigt habe. Um so mehr ärgere ich mich, als ich das Gemeindehaus, eine Art Schloß Sanssouci, verschlossen vorfinde. Die Tür zum Parkplatz hin verweist auf den Haupteingang, und der verweist auf die Öffnungszeiten.

Ich gehe wieder zurück, die beiden jungen, blonden Frauen vor der Kirche sind verschwunden. Meine Chance mit dem Samtgemeindebürgermeister habe ich mir selber verpatzt.

Ich wende mich nach rechts. Wenn die weltlichen Instanzen geschlossen haben, habe ich bei den himmlischen vielleicht mehr Glück.

Außerdem, was alte Annalen anbelangt, gibt es keine zuständigere Anlaufstelle.

Ich klingele bei Pfarrer Paul Gundert.

Bevor ich mein Anliegen äußern kann, bittet er mich herein, sein freundliches Lächeln irritiert mich, sicher hofft er auf eine fromme Aussprache, wittert die Chance, einem fremden Dahergelaufenen mit Trost und Rat beistehen zu dürfen, zuvorkommend weist er auf die Couch, nimmt hinter dem Schreibtisch Platz, und insgeheim tut es mir aufrichtig leid, daß ich ihm kein persönliches Problem bieten kann.

Ich rücke mit den Marx Brothers heraus, erkläre, wer sie waren.

»Tut mir leid, für so etwas interessiere ich mich nicht. Kenn' ich nicht«, bedauert er, offensichtlich ist er von mir enttäuscht.

Ein Unbekannter erscheint unangemeldet in seinem Pfarrhaus und redet von weltberühmten Komikern, von Hollywoodstars.

Ich frage, ob ich in den alten Kirchenbüchern herumstöbern
dürfte.

»Ginge das in einer Woche?« fragt er gequält.

Ich erzähle ihm von meiner Tausend-Kilometer-Fahrt, auch
wie sehr ich es bedaure, zur Hals-über-Kopf-Recherche ver-
urteilt zu sein.

Er gibt sich geschlagen, führt mich in die winzige Kammer,
die vom Arbeitszimmer abgeht. Ein Schrank voller dicker
Bände mit abgegriffenen Rücken. Er erklärt mir die einzelnen Jahrgänge und fügt tadelnd hinzu: »Stellen Sie bitte jeden Band an seine Stelle zurück!«

Ich überschlage, wie viele Stunden, Tage, Wochen ich wohl
benötigen werde, um die Marx Brothers mütterlicherseits bis
ins tiefste Mittelalter zurückzuverfolgen, und stelle eine typische Autor-Frage: »Dürfte ich hier rauchen?«

Pfarrer Paul Gundert verneint, er habe eine schlimme Ka-
tarrh-Sache gerade hinter sich. Aber ganz versöhnlicher Got-
tesmann weist er mich darauf hin, daß ich ja nach draußen gehen könnte, wenn es unbedingt sein müßte.

Dann läßt er mich allein in der Kammer zurück – mit Dornums handgeschriebener Vergangenheit in altdeutschen
Schriftzügen.

Ich ziehe das erste Kirchenbuch heraus – über die Zeitspanne
ab 1850 –, nehme damit an dem kleinen Tisch am Fenster
Platz, schlage es auf, doch irgendetwas hält mich zurück, die
besessene Neugier des Ahnenforschers zu entwickeln.

Vielleicht, so kommt mir der plötzliche Verdacht, schrecke
ich vor der unerwartet ungeheuerlichen Wühlarbeit zurück,
die noch dazu unter striktem Rauchverbot steht. Mein Unterbewußtsein sucht fieberhaft nach einer plausiblen Ent-
schuldigung, daß es gar keinen Zweck hat, durch diese endlo-
sen Eintragungen zu blättern.

Mein Instinkt ist hellwach.

Bloß schnell raus hier, alarmiert er mich.

Und er entdeckt blitzschnell ein Argument, das hieb- und stichfest ist. Ich sitze, klärt er mich auf, im Pfarrhaus einer evangelisch-lutherischen Kirche und suche in den Geburten-, Hochzeiten- und Sterbe-Eintragungen die Spuren einer jüdischen Familie!

Wenn das kein Witz ist!

Im Angesicht der Schwerstarbeit wird mir jäh bewußt, was während der Karriere der Marx Brothers völlig nebensächlich war und bis in alle Zukunft total unerheblich sein wird: Groucho, Harpo und Chico waren Juden, Mutter samt Anhang waren jüdisch, Vater war Jude.

Aber die Brothers sind niemals auf ihrem Glauben herumgeritten. Groucho erklärte sogar einmal, daß es ihnen ganz recht sei, daß alle Welt denken würde, sie wären Italo-Amerikaner wegen ihrer »os« hinten. Nein, orthodox schotteten sie sich niemals ab. Ihr Humor ist Marx, nicht jüdisch, und ihre Ehefrauen waren nicht zufällig durch die Bank Christinnen mit blauen Augen und blondem Haar.

Ich denke an das Foto von Minnie, das sie als dralle, lebenslustige Anfangszwanzigerin zeigt: Löckchen wie bayerisches Weißbier, die Hand mit der Handtasche resolut in die Taille gestemmt, wuchtiger Hut, knallendes Lächeln mit Biß ...

Es möge mir verziehen sein, an religiöse Glaubensbekenntnisse habe ich nicht gedacht. Glatt weggeträumt in Harposcher Naivität.

Mir fällt Groucho ein, der erst als 80jähriger begann, regelmäßig jeden Freitag abend in die Synagoge zu gehen. Daheim war nicht jiddisch gesprochen worden, mit dem Glauben hatten es die Marx-Söhne nicht recht ernst gehalten.

Obwohl – ein nachdenklicher Witz von Grouchos Lippen duldet keinen Zweifel, daß sie, wenn auch still, zu ihrem Glauben standen.

»Es ist etwas, was man nicht verlieren kann«, bekannte er und gab diese Geschichte zum besten:

»Ein Jude und ein Buckliger gehen an einer Synagoge vorbei,

da sagt der Jude: ›Früher war ich mal Jude.‹ Der Bucklige nickt und sagt: ›Früher war ich mal bucklig‹.«

Schlagartig ahne ich dunkle Wolken, die aufziehen. Eine jüdische Artistenfamilie wandert nach Amerika aus – das hat ein anderes Gewicht, als wenn es nur heißt: Eine deutsche Artistenfamilie wandert nach Amerika aus. 1880. Lange vor Adolf Hitler. Reichskristallnacht. Alle Synagogen in Flammen. Alles, was jüdisch ist, in Flammen.

Und ich bin auf der Suche nach jüdischen Annalen.

Noch dazu beim protestantischen Pfarrer Paul Gundert.

Ich will den Rückzug antreten, aber durch die Tür höre ich Dornums Kirchenmann telefonieren. Höflich warte ich ab, bis er auflegt.

Mein Blick fällt auf Formulare, die sich neben den Kirchenbüchern stapeln. Ich lese, daß sich Interessierte, die nicht in Dornum wohnhaft sind, mindestens zwei Gräber auf dem Friedhof zum entsprechenden Preis erwerben können. Auch für den Tourismus in die Ewigkeit hat Dornum ein gutes Angebot …

Nach einer Weile verlasse ich die Kammer, beichte dem Pfarrer mein Malheur. Er wiegt den Kopf, natürlich, Mitglieder der jüdischen Gemeinde sind bei ihm nicht verzeichnet.

Eine jüdische Gemeinde existiert seit knapp nach 1933 nicht mehr.

»Gibt es einen jüdischen Friedhof?« frage ich.

Ja, den gibt es.

Ich merke, daß ich immer mehr störe, und innerlich muß ich ihm beipflichten, daß mein Besuch ziemlich seltsame Aspekte aufweist.

Paul Gundert findet eine raffinierte Methode, mich loszuwerden.

Er gibt mir einen Tip. Ich möge mich an Ewald Mennen wenden, den Chronisten des Ortes, der für den »Ostfriesischen Kurier« berichtet.

Eine Dorf-Recherche ist wunderbar. Ein paar Schritte, ein paar Sekunden später klingele ich unter dem Schild »Ostfriesischer Kurier« in der Beningalohne Nr. 3. Eine ältere Dame öffnet, führt mich in eine behagliche Außenredaktions-Stube zu ihrem Mann. Die Schreibmaschine vor ihm schätze ich auf siebzig, er ist, wie er später triumphierend lächelnd zugibt, zweiundachtzig.

Ich kann es nicht fassen: Ewald, der seit Jahrzehnten frühmorgens vor seinem Arbeitsantritt die »WELT« austrägt, ist Groucho Marx aus dem Gesicht geschnitten. Putziger Schnauzbart, pfiffige Augen mit Superstrahler.

»Kennen Sie die Marx Brothers?« halte ich mich nicht länger zurück.

»Jo«, sagt er.

Einfach: jo.

Ich singe mein Verslein, spreche Mama Marx Minnie an.

»Sie soll in Dornum geboren sein, nicht wahr?«

Er wieder: »Jo.«

Er trabt aus dem Zimmer, kommt mit einem Zeitungsausschnitt zurück, den er in seinem Heimatarchiv abgelegt hat.

»Heim und Herd«, die Beilage zum »Ostfriesischen Kurier« vom Juni 1978. Titel – »Die Juden von Dornum« von Horst Reichwein …

Sein Zeigefinger landet ohne das geringste Zittern auf einem kleingedruckten Absatz.

Ich lese: »1864 – Miene Schönberg in Dornum geboren. Sie ist die Mutter der weltbekannten jüdischen Künstlergruppe ›Marx Brothers‹.«

Ewald Mennen ahnt, was mir vorschwebt, bremst meinen Jubel: »Die sind alle tot, die Ihnen was von Mienes Vater erzählen könnten …«

Das war meine Hoffnung gewesen – ein Bauchredner gehört nicht zum Dorfalltag. So einer erzeugt doch Gerede.

Ich fühle mich wie Harpo, der Träumer.

Zu weit liegt alles zurück. Aber jetzt aufgeben, wo ich endlich hundertprozentig weiß, daß ich im richtigen Ort gelandet bin?

Daß Minnie in Wirklichkeit Miene hieß?

Jo, bestätigt Ewald Mennen, Fanny ist durchaus ein gebräuchlicher weiblicher Name. Doch Lafe? »Nö!«

Ist ihm denn mal hoher Besuch aus Hollywood zu Augen und zu Ohren gekommen.

Kein jo.

Hin und wieder tauchen noch ehemalige Mitglieder der jüdischen Gemeinde auf, aber die statten nur ihrem Friedhof einen kurzen Besuch ab und verschwinden dann wieder, ohne sich länger aufzuhalten. Es gibt keine Juden mehr in Dornum, das ist aus und vorbei. Es gibt keine Kontakte mehr.

Joseph Hess, 92 Jahre alt, kommt jedes Jahr einmal aus Buenos Aires.

Oder Ernst Rose, Sohn von Wilhelm Rose, ein 50 Jahre alter Zahnarzt kommt aus Nordamerika. Mit sechs Jahren ist er von Dornum weg.

Oder die Tochter von Simon Lotheim, dem Lehrer der jüdischen Schule, die jetzt in Worms lebt und vergangenes Jahr Witwe geworden ist.

Ich hake vorsichtig nach, was nach Adolf Hitlers Reichskristallnacht in Dornum übrigblieb.

»Wir haben hier Glück gehabt«, erwidert Ewald Mennen und bekommt das Funkeln des Heimatforschers und Chronisten in den Augen. Nein, die Synagoge ist nicht abgebrannt. Kurz vor der Verfügung ging sie in den Besitz eines arischen Mitbürgers über. Auch sämtliche Annalen wurden gerettet, wurden sorgfältig abgefilmt, bevor sie vernichtet wurden.

An der Wand lehnt ein schwerer Steinklotz, langgezogen rechteckig, in den hebräische Schriftzeichen gehauen sind.

»Dieser Stein«, sagt der 82jährige, »saß bis Ende 1938 runde 80 Jahre über der Synagogentür.«

Die Inschrift lautet: »Psalm 118, 20: Dies ist das Tor zu Gott. Die Gerechten gehen da hinein.«

Er hat den Synagogen-Stein für die Nachwelt gerettet. Und er rückt ihn als treuer Heimatfreund erst heraus, wenn das Auricher Amt »Ostfriesische Landschaft« die Synagoge als

Gedenkstätte restauriert. Aber das ist noch nicht spruchreif, liegt in den Sternen. Die Hauseigentümerin zeigt sich wenig begeistert von der Idee. In dem Haus in der Kirchstraße befindet sich bis dato ein Woll-, Jeans- und Kinderladen namens »Bienenkorb«, der wahrscheinlich mehr Miete einbringt als unleidige Vergangenheitsbewältigungen.

Und Ewald Mennen möchte unter keinen Umständen, daß der Stein nach Israel gelangt. »Der gehört dahin, wo er immer war«, sagt er kämpferisch.

Es klingelt, eine Frau tritt ein, die eine Anzeige aufgeben möchte. Also Annoncen nimmt er auch an. Ewald Mennen kennt den Begriff Ruhestand nicht. Endlich sitze ich mal einem Zeitungskollegen gegenüber, vor dem ich mich winzig fühle wie vor meinem ersten Volontärstag. Ewald macht alles, selbst für die Zustellung der Abonnementszeitung bei jedem Wetter ist er sich nicht zu schade.

Und wird irgendwo ein alter Bauernhof eingerissen, dann liegt er auf der Lauer, ob ihm nicht vielleicht ein Familienanker aus dem Dachfirst in die Hände fällt, den er für die Nachwelt renovieren und erhalten kann.

Er präsentiert mir sein neuestes altes Stück, das alle im efeuüberwucherten Dachboden übersehen hatten.

Ewald Mennen nicht.

Dank ihm kann meine Arbeit beginnen. Minnies, besser: Mienes Stammbaum wird im Staatsarchiv von Aurich einzusehen sein.

Beim Abschied macht mir Dornums Staatsarchiv auf zwei agilen Beinen eine vage Andeutung: »Schauen Sie doch mal bei unserem Polzisten vorbei. Ich glaube, seine Oma hat immer von dem Bauchredner erzählt.«

Einige Straßenecken weiter erreiche ich den alten jüdischen Friedhof, der so versteckt liegt, als wollte man ihn am liebsten loswerden. Das Schiebe-Schloß vom Eingangsportal ist völlig verrostet, nicht zu übersehen, daß es höchstens zwei-, dreimal pro Jahr aufgeschoben wird. Ein trauriger Friedhof. Überwucherte Wege. Gräber ohne Blumen. Die Pflanzen,

Links: Der jüdische Friedhof, verlassen, verwuchert
Rechts: Früher Synagoge, heute ›Bienenkorb‹

Büsche, Bäume wachsen wie sie wollen. Blasse Grabsteine.
Der häufigste Familienname ist »Rose«.
Kein »Schönberg« ...
Als ich den Riegel hinter mir zuschiebe und die wenigen Me-
ter zur ehemaligen Synagoge gehe, die heute »Bienenkorb«
heißt, erwarte ich längst nicht mehr, einem zigarrepaffenden
Groucho, einem weibertollen Chico oder einem harfeklim-
pernden Harpo der dritten Generation zu begegnen.
Schräg gegenüber vom »Bienenkorb«, an dessen Hausfassa-
de ein kleines Synagogen-Gedenkschild der »Verbundenheit
mit Vergangenem« (Prospekt-Zitat) Genüge tut, lädt das Ca-
fé »Fensterputzer« zum Kaffee ein. Es mutet ein wenig wie
ein Szene-Treff an, ein angesäuselter GI vom US-Stützpunkt

führt einen Monolog im hintersten Fenstereck, ein paar junge Typen hocken am runden Tisch.

Um wieder in angenehmere Stimmung zu kommen, spreche ich wenig erfolgreich die flotte Serviererin an.

»Wissen Sie eigentlich, wie stolz Sie hier in Dornum sein können?« frage ich ein bißchen eckig. »Wer hier herkommt?«

Ich nenne den Namen Marx Brothers.

Die Typen horchen auf. Keine Reaktion. Der Kaffee schmeckt.

Beim Zahlen gönnt mir die Serviererin einen Blick. Richtig gesprächig wird sie plötzlich. »Was sagten Sie vorhin – was für berühmte Leute ziehen nach Dornum?«

Ich gebe es auf, tröste mich mit der ungewollten Pointe.

»Wer hier herkommt« ist auch so zu verstehen.

Ein halber Marx-Fun.

Auf zum Polizeihauptmeister Rudolf Deerberg, der vor 56 Jahren in dem Haus geboren wurde, in dem er heute seiner Polizeistation vorsteht!

Er begrüßt mich wie einen alten Bekannten. Als ich zweimal an ihm vorbeigefahren bin, hat er sich eingehend mit meinem Gesicht vertraut gemacht.

Ein gemütlicher, herzlicher, netter Polizist, vom Scheitel bis zur Sohle die Ausnahme, die die Regel bestätigt, über die sich besonders die Marx Brothers in unzähligen Filmszenen lustig gemacht haben. Komiker lieben keine sogenannten Respektspersonen, am wenigsten Polizisten.

»Natürlich kenn' ich die Marx Brossers«, platzt er freundlich mit der ersten Überraschung heraus, die sich gewaschen hat.

»Die sollen doch sogar Filme gemacht haben, nicht?«

Ich lenke seine Aufmerksamkeit auf Lafe Schönberg, Grouchos, Harpos, Chicos Großvater – den Bauchredner von Dornum.

»Ja, von dem habe ich gehört. Ständig hat meine Oma von ihm geredet«, gibt Rudolf Deerberg zu Protokoll.

Seine Großmutter Emma Kruse ist 1939 im Alter von 80 Jahren gestorben.

Polizeihauptmeister Rudolf Deerberg und The Lachmuskel-Village packt welt-exklusiv aus

Kann er sich an irgendeine Geschichte erinnern?
Vorsichtshalber halte ich die Luft an.
»Ja ...«, beginnt er, und mich befällt das gewisse Gefühl, eine Sensation auszugraben.
»Der war ja Bauchredner, nicht wahr? Ist immer übers Land gezogen. An einem heißen Sommertag kam er an einer Bäuerin vorbei, die gerade ihre Kuh am Melken war. Er hatte mächtigen Durst und bat die Frau um eine Tasse Milch ...«
Ich schreibe mit. Ich weiß, da kommt ein tolles Ding. Da muß ein tolles Ding kommen. Eine langweilige Geschichte kann doch nicht über hundert Jahre überleben.
Rudolf Deerberg fährt fort: »Aber die Bauersfrau mochte nicht – ließ sich nicht erweichen. Plötzlich ertönte eine Stim-

me, und sie hätte schwören können, daß sie aus der Kuh kam.«

Ich halte es nicht aus: »Was sagte die Stimme?«

Er lächelt das sympathischste Ostfriesenlächeln. »Auf Platt sagte die Kuh, und das klingt so: ›Nu gäiv hum doch 'n Schleg!‹«

Er übersetzt es ins Hochdeutsche: »Nun gib' ihm doch 'ne Tasse – einen Schluck!«

Er fügt hinzu: »Die Bäuerin ist entsetzt aufgesprungen und weggerannt. Ob er sich anschließend einen Schluck genehmigt hat, weiß ich nicht. Aber diese kleine Geschichte war die Lieblingsgeschichte meiner Oma. Ich weiß nicht, wie oft sie sie mir als Kind erzählt hat.«

Marxer geht's nicht!

Mir ist auf Anhieb klar, daß sich meine Reise in die Marxsche Vergangenheit allein wegen dieses Kuh-Coups mehr als gelohnt hat.

Ein Humor-Juwel.

Das Augenzwinkern eines Bauchredners on the road.

Komiker fallen nicht vom Himmel. Der Großvater der Marx Brothers hat sich mit einem einzigen Ulk, mit einer einzigen Narretei in seiner alten Heimat Dornum eingemeißelt, jawohl: verewigt.

Natürlich ist es kein Wunder, was seine drei Enkelsöhne geworden sind.

Die wahre Geschichte von der plattdütsch sprechenden Kuh ist Groucho, Harpo & Chico pur. Durchaus möglich, daß die drei niemals davon erfahren haben. Sonst hätten sie das garantiert in einen ihrer dreizehn Kinofilme reingepackt.

Die Karriere der Brothers in einem anderen Land ist die logische Konsequenz dieser einen Pointe »Nu gäiv hum doch 'n Schleg!« aus diesem Land.

Lafe Schönberg ist angeblich in Amerika 101 Jahre alt geworden. Wie hat er nun wirklich geheißen?

Lafe – ist das sein Name gewesen?

Polizeihauptmeister Deerberg schüttelt hilflos den Kopf.

»Da kann ich Ihnen nicht weiterhelfen. Bei uns hieß er einfach der Bauchredner oder der Zauberer, denn das konnte er auch. Ich erinnere mich nur noch, daß er später Regenschirme hergestellt und auf den Wochenmärkten der Umgebung verkauft haben soll. Er hat stets begeisterte Menschenmengen um sich versammelt, wahrscheinlich mit seinen Bauchredner-Tricks ...«

Ich blicke mich in seiner gemütlichen Amtsstube um. Durch die Gardinen fällt der Blick auf die Hauptstraße. Dornums Auge des Gesetzes hat alles unter Kontrolle, sogar vom Bürosessel aus. Aber was für Delikte fallen hier im Idyll hinter den Deichen an?

Einen mysteriösen Mord kann man sich hier lediglich vorstellen, falls der Alte oder Kommissar Derrick in den nahen Dünen urlauben sollten.

Er nickt zufrieden. Drogen, Vergewaltigung, Raub, Mord und Totschlag, sowas ist in Dornum nur vom Hörensagen bekannt. Gelegentlich kommt mal ein Verkehrsunfall vor.

»Wann hat es die letzte grausige Tat gegeben?« frage ich.

»Kurz vor dem Ersten Weltkrieg«, erwidert er.

Tragische Selbsttötung eines jungen Liebespaares. Er erschoß sie mit dem Gewehr, dann sich. Er war Jude, sie Christin. Sie durften nicht glücklich sein ...

Zwei gegen alle. Ohne jede Chance.

Lange vor Adolf Hitler!

Schnitt. Szenenwechsel. Am nächsten Morgen sitze ich dem Samtgemeindebürgermeister Karl Heinz Eilers im Dornumer Schloß Sanssouci gegenüber.

»Wie viele Tonnen Samt produziert denn Ihre Gemeinde?« möchte ich in Erfahrung bringen.

Er sieht wie ein wuschelig blonder Störtebeker aus. Sein verschmitztes Lächeln setzt sich unter dem Draufgängerbart unsichtbar fort.

»Samtgemeinde bedeutet Gesamtgemeinde«, klärt er mich auf. Sein Imperium besteht aus drei Mitgliedsgemeinden und vielen kleinen Ortschaften.

Über ihm steht der Samtgemeindedirektor Fokke Tjarks, unter ihm der Bürgermeister von Dornum, der aber kein gebürtiger Dornumer ist.

Seine Tochter war schon richtig beraten, mir ihren Vater ans Herz zu legen.

»Ich weiß«, sagte er bei der Begrüßung, »Sie haben doch gestern mit meiner Tochter gesprochen, nicht wahr?«

In Dornum geht alles rum.

Nur nicht der Ruhm und die Gloria der Marx Brothers.

»Nee«, zuckt er die sportlich trainierten Achseln, »die sind mir nicht geläufig. Aber wissen Sie, den Fernseher mache ich schon seit Jahren nicht mehr an. Früher mußte ich mir alles anschauen. Heute interessiert mich die Glotze nicht mehr ...«

Karl Heinz geht lieber ans Meer und aufs Meer. Auch mit der Möven-Jagd ist es angesichts der sterbenden Natur aus und vorbei, er hängt sich zwar noch die Flinte über die Schulter, aber geht nur noch gucken ...

Ich habe ihm ein amerikanisches Buch über die Brothers mitgebracht, damit er sie wenigstens mal auf dem Papier sieht.

Es ist ein betrübliches Erlebnis, wenn man einem Menschen über weltbekannte, weltbeliebte Komiker was vorschwärmt, die er nicht kennt. Jede Stadt ist normalerweise stolz auf ihre Sprößlinge, die es in der Welt zu etwas gebracht haben.

Wie würde Dornum wohl reagieren, falls Charlie Chaplins Vergangenheit hier beheimatet wäre?

Eine bescheidene Anregung kann ich mir nicht verkneifen.

»Vielleicht hat mein Besuch bei Ihnen«, sage ich, »den Effekt, daß es irgendwann einmal in Dornum drei neue Straßen gibt, die Groucho-Marx-Straße, Harpo-Marx-Straße und Chico-Marx-Straße heißen ...«

Das wäre das mindeste.

»Warten wir mal Ihr Buch ab«, antwortet er diplomatisch.

Karl Heinz Eilers verspricht, sich für die Enkel seiner Stadt ins Zeug zu legen.

Wenn ich da an Sir Winston Churchill denke. Marx-Bro-

Samtgemeindebürgermeister Karl Heinz Eilers vor dem Dornumer Sanssouci

thers-Fan total ... Als der Graf von Hamilton dem damaligen Befehlshaber der britischen Streitkräfte, Winston Churchill, der gerade beim Abendessen saß, die ungewöhnliche Nachricht überbrachte, daß Rudolf Hess über England mit dem Fallschirm abgesprungen sei, dachte Churchill eine Sekunde lang nach und meinte dann zu dem Grafen: »Ich bin überzeugt, das ist alles sehr interessant, aber würde es Ihnen etwas ausmachen, wenn Sie mich später am Abend noch einmal aufsuchen müßten? Wir spielen hier jetzt nämlich nach dem Essen einen Film mit den Marx Brothers ...«

Ebenso Marx-fanatisch: US-Präsident Truman. Und erst die Künstlerclique – von T.S. Eliot, Samuel Beckett bis Eugen Ionesco, der Groucho, Harpo und Chico wörtlich »die drei größten Einflüsse auf mein dramatisches Werk« nannte. Salvador Dali pries sie als »Surrealismus auf der Leinwand«. Charles Chaplin beneidete sie um ihre Wortwitzkanonaden, die ihm nicht vergönnt waren.

Von Bert Brecht wird berichtet, daß er die Brothers Marx weitaus mehr schätzte als Karl Marx.

George Bernard Shaw – ein Brothers-Freak.

Immerhin auch dieses historische Ereignis: Ihre erste Rolle spielte Marilyn Monroe in einem Marx-Brothers-Film!

Hand aufs ostfriesische Herz, Herr Samtgemeindebürgermeister, drei Straßenschilder müßten doch dort in Dornum rausspringen dürfen ...

Oder müssen erst die Grünen kommen?

Denen allerdings wäre einiges mehr zuzutrauen. Ein alljährliches Marx-Brothers-Filmfest mit der Verleihung des Dornumer Marx-Brothers-Preises für neue Komiktalente, in Zusammenarbeit mit der »taz« und dem Fernsehen. Dornum, die Stadt mit Weltwitz. Nach Berlin, Cannes, Venedig – das Filmfestival-Dorf der sprechenden Kuh. In klein-behaglicher Dimension. Crazy Dorfstraßen-Feste, Open-Air-Kino, Quatsch-Diskussionen im Schloß, live und grouchig über die Bildschirme von »SAT 1« oder »RTL Plus«. Holland ist nah, England ist nah.

Dornum: the Lachmuskel-Village ...!

So in etwa blüht meine Phantasie, als ich die Marxsche Ahnen- und Vor-Stadt verlasse, die Kühlerhaube auf Aurich gerichtet.

Niedersächsisches Staatsarchiv.

Die Vergangenheit schwarz auf weiß, handgeschrieben. Die Hochzeit von Minnies Eltern, von Grouchos & Co Großeltern: Am 15. Januar 1851 geben sie sich ihr Ja-Wort. Die Trauung vollzieht der Dorfrabbi.

Siehe da: Natürlich heißt er nicht Lafe. Sein Name in den Annalen lautet Levy Schönberg, genannt Funk. Gewerbe: Berufsbauchredner. Levy Funk ist sein Künstlername! Er ist an diesem Jubeltag 28 Jahre alt, demnach 1823 in Dornum geboren. Seine Eltern: Abraham Schönberg und Schöntje Weiler. Seine Frau – Fanny Sophie Salomons. 22 Jahre jung, demnach 1829 geboren. Sie kommt aus dem Nachbarort Bruchhausen. Ihre Eltern sind unbekannt. Was sich dahinter verbirgt – das Schicksal eines Findelkindes? –, ist ungewiß ...

Einige historische Daten und Facts dazwischengeworfen:

Ostfrieslands Enkel Groucho Marx und Hollywoods Debütantin Marilyn Monroe in ›Love Happy‹ – allein schon das wär' eine Groucho-Marx-Straße wert...

1577. Graf Edzard II. gestattet offiziell die Einwanderung von Juden nach Ostfriesland.

1719. Im Flecken Dornum lebt eine jüdische Familie, der Schlachter und Händler Aaron Levi mit seiner Frau, drei Söhnen und seiner Mutter.

Ordnungs-Nummer.	Namen des Mannes.	Alter des Mannes	Eltern des Mannes.	Gewerbe des Mannes.	Bisheriger Wohnort des Mannes.	Namen der Frau
1.	Simon L. Haaß	30 Jahr	Lazarus S. Haaß Tacha Mofeß	Lifer u. sicheur	Dornum	Henriette
2.	Benedic L. Haaß	38 Jahr	Lazarus S. Haaß Tacha Mofeß	Manifatu huute	Aale	Vögelin Hay von L. S. Ha B. S. Vögele
3.	Abr. Morris Wall	42 Jahr	Mofes L. v. d. Wall Sara Wolf	Pflanzer	Norden	Friedrike W.
4.	Levy Funk zur Schönberg.	28 Jahr	Abraham Schönberg u. Schönje Weber	Bürfau u.	Dornum	Fanny Sau
5.	M. J. Schönthal	25 Jahr	Simon Schönthal Vögelje Morser	Pflanzer	Marien hafe	Catharina li...
6.	J. M. Altgenug	33 Jahr	Moses Altgenug	Pflanzer	Hage	Lina Thon
		1853 ist kein Trauung vorgekommen				
7.	Moses van der Wall	26 Jahr	Abraham van der Wall Sara Moses	Laufaun	Aurich	Itta Funk z. Schönberg
8.	Heimann Haaß	31 Jahr	Lazarus Haaß Tacha Mofer	Laufaun	Dornum	Johann Friese
		1856				
9.	E. van Cleef	25 Jahr	Mejer E. van Cleef Martha	Yeennfau	Dornum	Elise Anrle
		1857				
10.	Jaicb Weinberg	33 Jahr		Manifatu handler	Hage	Itta u. den Ha

Eltern der Braut	Bisheriger Wohnort der Braut	Künftiger Wohnort der Brautleute	Tag der Trauung	Name des Rabbiners, der die Trauung vollzogen hat	Bemerkungen
S. R. Levi u. Hanne Davids	Carolinensiel	Dornum	7. Mai 1844	Judenm. Blichse in J. Goldberger	
desgl.	Arle	Arle	14 Jan. 1847	M. S. Friedberg the Oberpriester zu ... Norden	
			J. P. Israelit Norden	mi [unleserlich]	
R. Haar, Reike J. Brinkmann	Dornum	Norden	15 Januar 1850	J. Kgas the Lehrer zu Norden	
desgl.	Bruchhaus	Dornum	15 Januar 1850	Marfeld	
J. S. Vogler, Catharine Freund, vidua Meibauer	Dornum	Hage	1. Juni 1850	Marfeld	
Jesaias Roosa, Beitas Davids	Dornum	Hage	19 April 1852	J. Kras ju Lehrer zu Norden	
Aaron Steinberg, Schönje Weiler	Dornum	Aurich	13 Juni 1854	M. L. Friedberg ju Oberpriester zu Norden	
F. M. Friedheim, Marjanne	Münden	Dornum	30. Mai 1855	J. Neustemann the Lehrer zu ...	
Alexander Manheim, Sophie	Essen	Dornum	[unleserlich] 1855	[unleserlich]	
Juda v. d. Wall	Norden	Hage			

Suchspiel aus dem Niedersächsischen Staatsarchiv für Brossers-Archäologen: Unter der Ordnungsnummer 4 die Hochzeit der Großeltern mütterlicherseits

No.	Namen der Väter	Namen der Mütter	Gewerbe des Vaters
		1859	
23.	Jacob Weinberg	Jette v.d. Wall	Kaufmann
24	Simon Haase	Jette Levij	"
25	Heimann Haase	Johanne Friedheim	,
26	Levij Schönberg	Sophie Salomons	Rangschirmmacher
27	Jacob Weinberg	Jette v.d. Wall	Kaufmann
		1860	
28	Simon Haase	Jette Levij	.
29	Jacob Weinberg	Jette v.d. Wall	"
		1861	
30	Elkan van Cleef	Elise Mannheim	Schuhmacher
31	Heimann Haase	Johanne Friedheim	Kaufmann
32	Herzog Rose	Jette van der Wall	Schlächter
		1862	
33	Levij Schönberg	Sophie Salomons	Rangschirmmacher
		1863	
34	Herzog Rose	Jette van der Wall	Schlächter
35	Heimann Haase	Johanne Friedheim	Kaufmann
		1864	
36	Neubauann	Mareka Rose	
37	Levij Schönberg	Sophie Salomons	Rangschirmmacher

Noch eine Ausgrabung aus dem Auricher Staatsarchiv: die Geburt von Mamarx Miene – unterste Zeile!

1749. In Dornum gibt es drei jüdische Familien.

1777. Samuel Sanwil Arons, ein frommer Dornumer Jude, stirbt. Er stellt die Mittel für einen Versammlungsraum (Synagoge) zur Verfügung.

1794. Dornum hat 25 jüdische Einwohner.

1828. Die 45 jüdischen Personen im Gerichtsbezirk Dornum bekommen vollständige und bürgerliche Rechte und werden den christlichen Bürgern gleichgestellt.

1831. 14 Interessenten, darunter fünf Juden, bitten das Patrimonialgericht in Dornum um Erlaubnis, neben dem Viehmarkt noch einen Krammarkt abhalten zu dürfen.

1841. Eine neue Synagoge wird in Dornum gebaut.

1846. Der Lehrer und Vorsänger Israel Goldvogel muß Dornum wegen hoher Schulden und Polizeiauffälligkeit verlassen.

1848. Dornum hat 68 jüdische Bewohner. In Ostfriesland leben 2200 Juden.

1850. Die Juden brauchen offiziell keine Stolgebühren (Gebühren an die christliche Kirche) mehr zu entrichten.

1852. Landrabbiner Hamburger aus Emden stellt die große Armut der jüdischen Gemeinde zu Dornum fest. Sie muß aus öffentlichen Mitteln unterstützt werden.

Levy Schönberg, der sich Funk nennt, Bauchredner, und seine Fanny, Kind ohne Eltern, heiraten in die Armut hinein.

1861. Das Königliche Ministerium des Innern gewährt der verarmten Synagogengemeinde Dornum (13 Familien) eine Beihilfe von 12 Reichstalern.

In den Geburtseintragungen der Dornumer Synagoge kommt ein allzu menschliches Problemchen ans Sonnenlicht: Levy und seine Fanny haben sich ein bißchen Zeit für ihr Ja-Wort gelassen. Sie haben bereits eine kleine Tochter miteinander. Ihre Schöntje, die den Namen von Levys Mama trägt, ist bereits am 16. Mai 1850 um vier Uhr früh zur Welt gekommen, acht Monate vor dem »Ja« der Eltern …

Bis zum zweiten Kind lassen sich Levy und Fanny mehr Zeit. Sara tut ihren ersten Schrei am 20. Januar 1858.

Beim dritten Mädchen taucht die neue Berufsbezeichnung des Papas auf: Regenschirmmacher. Schluß mit der Tingelei, dem Bauchreden, dem Zaubern. Was für ein Leid verbirgt sich da, wenn ein Artist zum Handwerker werden muß? Mit dreißig Jahren muß Levy Funk aufgeben, damit seine Familie daheim nicht verhungert. Ab sofort heißt er in den Annalen nur noch Levy Schönberg. Am 14. Oktober 1859 wird Jetta geboren, Tochter Nr. drei.

Am 8. März 1862: Die kleine Hanchen kommt zur Welt.

Im selben Jahr 1862 trifft die junge Familie ein schwerer Schicksalsschlag. Jette, die dreijährige Tochter, stirbt am 15. August. Als Todesursache führt die Urkunde »verbrannt« auf, das bedeutet Tuberkulose oder Krebs. Wenige Monate später, am 30. November, stirbt Levys Vater Abraham Moses Schönberg (Beruf: Trödler) im Alter von 87 Jahren. »Altersschwäche«.

Dann ... *1864, 9. November,* vier Uhr nachmittags: Tochter Miene erblickt das Licht dieser Welt in Dornum. Die Feder des Chronisten schreibt sie Miene. Nicht als Kosenamen-Kürzel. Romantisch deutsch – Miene ...

Keiner kann es sich erträumen, daß es Miene in die Wiege gelegt worden ist, den Planeten Erde mit den wundervollsten Söhnen zu beschenken.

Mit »Mienes Jungs«!!!

1864. Bismarck veranlaßt den Krieg Preußens und Österreichs gegen Dänemark um Schleswig-Holstein, das Dänemark verliert. Schlacht bei den Düppeler Schanzen. Gründung der »Ersten Internationale« in London durch einen gewissen Karl Marx. Ludwig II. wird König von Bayern. Raabe schreibt »Der Hungerpastor«, Jules Vernes seine »Reise zum Mittelpunkt der Erde«, Frank Wedekind wird geboren, die päpstliche Enzyklika verteufelt Pantheismus, Naturalismus, Rationalismus und Liberalismus als »hauptsächlichste Irrtümer der Zeit«. Genfer Konvention über humane Behandlung verwundeter und kranker Kriegsgefangener, Henri de Toulouse-Lautrec geboren, Richard Strauss geboren, Harpunen-

kanone für den Walfang von Svend Foyn erfunden, Jung-
huhn erforscht Java und Teile Sumatras, Schweinfurth er-
forscht Ägypten und Ostsudan – Gründung der Schreber-
Gärten-Vereine durch E. J. Hauschild in Leipzig, der erste
Pullman-Schlafwagen rollt über die Gleise, Berlin kriegt seine Pferdestraßenbahn, in Amerika bildet sich der rassistische
Ku-Klux-Klan-Geheimbund, das englische Kinderbuch
»Alice im Wunderland« von Lewis Carroll erscheint ...
Mienes erstes Lebensjahr ...
Der erste Sohn stellt sich für Levy und Fanny am *14. Mai 1868*
ein. Abraham Elieser Adolf. Er wird eines Tages der erste
Komiker-Star der Familie werden. In den USA. Al Shean
wird er sich nennen, ganz Amerika wird ihn und seinen Partner Gallagher mit dem Ewigkeitsslogan »Positively, Mr. Gallagher? – Absolutely, Mr. Shean!« ins Herz schließen, mit
ihrem Vaudeville-Gimmick »irischer Dickschädel knallt auf
jüdischen Dickschädel«. Abraham Elieser Adolf Schönberg
wird den Söhnen seiner Schwester die entscheidende Schüt-
zenhilfe geben, um auf den Showbühnen Fuß zu fassen. Er
schreibt ihre ersten Sketche, und weil er in seinem Drehbuch
Klein-Harpo glatt vergessen und verschwitzt hat, verfügt er
kurzerhand, daß Harpo stumm sein soll!
Am *1. April 1870* wird Fanny Schönberg erneut von einem
Mädchen entbunden, aber es kommt tot zur Welt.
Danach wird Celine geboren, dann der zweite Sohn Heine ...
1873 leben 65 Juden in Dornum. 1879 findet Landrabbiner
Buchholz in Dornum trostlose schulische Zustände vor. Einige Schüler können das deutsche Alphabet weder lesen noch
schreiben.
Miene ist Ende 15, als die Schönbergs ihre Heimat aufgeben.
Sie wandern aus ins Land der unbegrenzten Möglichkeiten.
1880. Levy ist 57, Fanny 51, drei ihrer Töchter sind längst
flügge. Schöntje ist 30, Sara 22, Hanchen 18. Es ist ungeklärt,
ob die ganze Familie das Schiff mit Kurs auf New York be-
stiegen hat. Zumindest Hanchen ist mit dabei, die später
Hannah heißen wird.

Karriere in Heimarbeit. Al Shean, der Onkel aus Dornum, hob seine drei Neffen in den Sattel

Eines ist gewiß. Schon bald werden sie ihrer Heimat keine Träne mehr nachweinen.

Lediglich ein historisches Datum beinhaltet zwei gute Nachrichten.

1920 bekommt die Synagoge elektrisches Licht, und als erster Dornumer jüdischen Glaubens wird Moses Heß Schützenkönig.

1933, als Hitler Reichskanzler wird, leben in Dornum 62 Juden. Der in »Schutzhaft« genommene jüdische Pferdehändler Jakob Rose aus Dornum verübt am 1. April im Nordener Gefängnis Selbstmord. 21. April: Öffentliche Verbrennung von Schächtmessern und Gebetsbüchern auf dem Dornumer Marktplatz.

1934: Die Abwanderung der jüdischen Bürger aus Dornum verstärkt sich.

1935: Der wirtschaftliche Druck auf Dornumer Juden wird rigoroser.

1938: Beginn der Deportation jüdischer Bürger aus Dornum in Konzentrationslager. 9., 10. November: Judenprogrom in Deutschland. Dornumer Juden werden zum Schlachthof nach Norden gebracht. Viele kommen vorübergehend ins KZ Sachsenhausen.

1939: Beginn des Zweiten Weltkriegs. In Dornum befinden sich noch acht jüdische Einwohner.

1940: Eva Wolffs verläßt als letzte jüdische Einwohnerin Dornum.

1945: Ende des Zweiten Weltkriegs – die Schreckensbilanz: Von den 55 jüdischen Einwohnern, die während der Hitlerzeit in Dornum lebten, starben acht eines natürlichen Todes, 22 wanderten aus, vier starben in Konzentrationslagern, 21 blieben nach Deportationen verschollen.

Was bleibt, ist der jüdische Friedhof mit dem verrosteten Schiebeschloß, versteckt hinter der Kirchstraße, mit den 21 Grabsteinen, von denen einer aus dem Jahr 1721 der älteste ist.

Und es bleibt der Steinklotz der Synagoge mit dem Psalmspruch »Dies ist das Tor zu Gott. Die Gerechten gehen da hinein«, der an Ewald Mennens Wand im Außenredaktionsstübchen lehnt ...

Die Gerechten sind nicht mehr.

Die Dramen und Tragödien der Schönbergs aber wurden mit göttlichen Komödien belohnt.

Typisch Groucho, daß er auch aus der Auswanderung seiner Familie einen Schmunzler rauspreßte.

»Sie kamen«, wird er später einmal sagen, »mit der Augustflower rüber, weil sie die Mayflower verpaßt hatten ...«

Es scheint ein Naturgesetz zu sein, daß himmlische Spaßvö-

Weit war der Weg von Mienes Dornum nach Hollywood, USA: Grouchos Super-Bungalow am Hillcrest Drive Nr. 1083 in Beverly Hills

gel in der Verzweiflung, im Elend, in der Hoffnungslosigkeit, in bitterster Not, im niedergeknuteten Dasein scheinbar chancenlos geboren werden.

Der Witz, der Humor, das Lachen ballt sich zur übermenschlichen Kraft, triumphiert über jede Hölle auf Erden.

Gerade heutzutage können wir nur von den Marx Brothers lernen.

Von Levy, Fanny, Miene und ihren Jungs.

New Yorker Erzählungen

Wenn das nicht funny ist!

Ein filmarchäologischer Blick ins Staatsarchiv von Aurich, und schon kracht die marxistische Geschichtsschreibung made in USA wie ein (Kino-)Kartenhaus in sich zusammen.

Ein Fall von typisch kleindeutscher Haarspalterei?

Warten wir's ab.

Die profundeste Marx-Brothers-Dokumentation verdankt der internationale Fan-Geheimbund zweifellos der amerikanischen Autorin Charlotte Chandler. Einige Jahre hindurch war sie mit Groucho unzertrennlich, fragte ihm für ihr Werk »Hello, I Must Be Going« (»Groucho und seine Freunde«, bei Rogner & Bernhard) manch hübsches Loch in den Bauch.

Meistens beim Essen leistete sie ihrem Interviewopfer Gesellschaft, und so hat sie der Nachwelt sämtliche Menü-Gänge bis hin zum Dessert überliefert, die Groucho reinpfiff.

Außerdem stellte sie eine Zeittafel zusammen, die bis dato als authentisch galt.

Charlotte Chandlers Familienchronik beginnt:

»Lafe Schönberg geboren 1818
Lafe heiratet Fannie 1848
Simon ›Sam‹ Marx geboren 1861
Minna ›Minnie‹ Marx geboren 1865
…«

Vier Daten, von denen lediglich Sams Geburtsdatum stimmen mag.

Lafe Schönberg, laut den Annalen Levy Schönberg, kam schwarz auf weiß und handschriftlich 1823 auf die Welt. Seine Vermählung mit Fanny Sophie erfolgte eindeutig am 15. Januar 1851 (bei der Trauung war er 28 Jahre alt, wie unter der Rubrik »Alter des Mannes« zu ersehen ist). Miene Schönberg – keine Spur von einer Minna – wurde am 9. November 1864 um 16 Uhr geboren. Na und wenn schon ...

Was spielen ein paar Jährchen mehr oder weniger für eine Rolle!

Die Vordatierung der großelterlichen Hochzeit um drei Jahre ist leicht zu erklären: Wer gibt gerne zu, daß Omas und Opas erstes Kind – die kleine Schöntje – unehelich das Licht dieser moralisch aufgeplusterten Welt erblickte?

Nebbich!

Interessanter wird es für den Marx-Brothers-Archäologen mit Levy-Lafe. Nicht wegen seiner Namensänderung in der Neuen Welt vom eindeutig jüdischen Levy zum weniger festlegbaren Lafe, der nach norwegischen Tannen klingt. Der plattdeutsche »Opie«, wie sie ihn laut Harpo nannten, der Brüder Marx starb 1919, während die ersten Theater-Erfolge von Groucho, Harpo, Chico und Zeppo (Gummo diente in der Army) aufdrehten. In unzähligen Familienanekdoten erinnerten sich später Groucho und Harpo voller Stolz, daß Opie 101 Jahre alt geworden wäre.

Groucho, wörtlich in »Groucho and Me«: »Lafe wurde hundertein Jahre alt, womit er allen Regeln der Langlebigkeit ein Schnippchen schlug. Er rauchte täglich zehn lange schwarze Zigarren ..., trank täglich einen halben Liter Whisky ... Bis zu seinem fünfundneunzigsten Altersjahr trug Lafe niemals eine Brille. Er war so aufrecht und gerade wie eine Telegraphenstange und fast ebenso groß.«

Sorry, lieber Groucho, aber Ihr Opie ist »nur« sechsundneunzig Jahre alt geworden!

Harpo notiert in »Harpo Speaks« aus dem Jahre 1918, als sie in Chicago lebten: »Jeder spielte zu dieser Zeit Pool-Billard, sogar Großvater, der (wörtlich: nearly hundred) auf die hundert zumarschierte ...«

Pardon, Harpo, er marschierte auf die fünfundneunzig zu!

Was macht es für einen Unterschied, ob der Opie der berühmten Marx Brothers nun sechsundneunzig oder hundertein Jahre alt geworden ist?

In weiser Marx-Manier wird der Chronist an die trickreiche Preisgestaltung der Supermärkte erinnert, in denen Sonderangebote knapp unter oder knapp über hundert Mark einen gewaltigen Unterschied ausmachen.

Kein älterer Herr – von den Damen wie Marlene Dietrich ganz zu schweigen – wird sich freiwillig fünf Jahre älter machen, es sei denn er will sich raffiniert vor dem Abwasch drücken und seine Ruhe haben.

Warum dann um alles in der Welt wurde Opie Levy von seinen Enkeln wuchtig über die magische Jahrhundertgrenze gehievt?

Der Verdacht liegt nahe: um der zündenden Pointe willen.

Ein Opie über 100, der munter ohne Brille pafft und schluckt, zündet besser als einer unter 100 ...

Es kommt noch deutlicher, welcher kleine Teufel im winzigsten Detail steckt.

Eine weitere Opie-Pointe. Groucho Marx in »Groucho and Me« (»Schule des Lächelns«, bei Fischer Cinema): »Lafe war sehr enttäuscht von dem Empfang, der ihm in der Neuen Welt zuteil wurde, und widerstrebend beschloß er, den Artistenberuf aufzugeben. Unerklärlicherweise wählte er eine Laufbahn, die vom Varieté so weit wie möglich entfernt war. Obwohl er noch nie in seinem Leben einen Regenschirm instand gesetzt hatte, beschloß er nach langer Überlegung, Schirmflicker zu werden.«

Ein ulkiger Gag. Ein Bauchredner kommt nach New York und wird ausgerechnet Schirmflicker.

Unerklärlicherweise, dear Groucho?

Tut mir leid, aber auch diese Pointe macht Ihnen das niedersächsische Staatsarchiv zu Aurich kaputt. Denn ab dem dritten Kind firmiert dort Opie unter »Regenschirmmacher«.

Memoiren bieten nicht das beste Gestein für echte Fußabdrücke.

In »Harpo Speaks« beziffert Harpo seine Geburt auf 1893. Tatsächlich war's 1888. An etlichen fröhlichen Stellen amüsiert er sich über seinen Plattdeutsch sprechenden Vater,

*Warum mauschelten Groucho und Harpo (hier mit Edward Keane in
›A Night at the Opera‹) an ›Opies‹ biblischem Alter herum?*

Frenchie genannt. Ein Mißverständnis des Ghostwriters. Es
war nun einmal seine Mama Minnie, die plattdeutschte, sein
Daddy kam aus Frankreich, aus dem Elsaß des Edelzwickers.
Schluß mit der humorlosen Besserwisserei.
Immerhin hat Groucho in seiner Autobiographie bereits
sämtlichen Vorhaltungen die Spitze gebrochen, die posthum
laut werden könnten.
»Es ist fast unmöglich, eine wahrheitsgemäße Selbstbiogra-
phie zu schreiben«, räumt er in »Groucho and Me« ehrlich
ein, und er rät seinen Lesern, die den wahren Groucho kennenlernen wollen: »Man täte besser daran, einfach das Lexi-
kon zu lesen oder Obstbäume zu beschneiden.«

Ein Diplomat, der es faustdick hinter den Ohren hat.

»Dieses Werk«, schreibt er auf Seite 12, »begann als Autobiographie, doch ehe ich's mich versah, merkte ich, daß es nichts dergleichen zu werden versprach ...«

Im zweiundzwanzigsten Kapitel, auf Seite 188, gibt er zu, einen erzürnten Anschnauzer von seinem Verleger erhalten zu haben – »bis jetzt haben Sie 80000 Wörter geschrieben, und Ihre Leser wissen nicht mal die verdammteste Kleinigkeit aus Ihrem Leben.«

Erst daraufhin gab er sich geschlagen und gestand, Vater von drei Kindern zu sein. Er gab sogar zu, eine Ehefrau zu haben.

Sein Sohn Arthur Marx, Autor von »Son of Groucho«, brachte diese privat-intime Verschwiegenheit auf eine kurze Formel: »Der wirkliche Groucho versteckt und verschanzt sich hinter einer Nebelwand von Gags, Pointen und Späßen – und zwar immer und ständig und ohne Ausnahme.«

Die fünf Bücher, die Groucho verbrochen hat (»Beds«, »Many Happy Returns«, »Groucho and Me«, »Memoirs of a Mangy Lover«, »The Groucho Letters«), das gesprochene Druckwerk »Harpo Speaks«, das Harpo seinem Ich-Biographen Rowland Barber in den Griffel diktierte, ja, sämtliche Interviews und andere Verhöre mit diesem oder jenem Mr. Marx dürfen als nichts anderes gesehen und gelesen werden – als die konsequente Fortsetzung der Marx-Brothers-Filme mit anderen Mitteln!

Vorleben. Privatleben. Der Alltag mit seinen Widersprüchlichkeiten und Unzulänglichkeiten. Intimitäten. Das ungeschminkte Auf und Ab. Ängste. Kummer. Verzweiflung. Dieses Ich-weiß-nicht-wie-es-weitergehen-soll. Das alles ist nicht das Bier der umjubelten, umlachten Clowns.

Komiker haben gefälligst von einem anderen Stern zu kommen, sind nicht ganz von hier, von dieser Welt.

Zumindest müssen sie ihr Leben lang so tun.

Groucho Marx trieb seine Inkognito-Manie derart auf die Spitze, daß er unter der Rubrik »born« auf Einreise- und Zollpapieren grundsätzlich das Eingeständnis »Yes« machte.

Das mindeste, was er über sich leichtfertig enthüllen mochte. Seine prekäre Situation, alles Private in sich hineinzufressen, bloß nicht was rauszulassen, muß man mit den Augen des Psychiaters sehen, von dem er eine aufschlußreiche Geschichte in einem seiner Bücher niedergeschrieben hat.

Sie geht so: Ein Mann wendet sich in seiner Verzweiflung an einen Psychoanalytiker, gesteht ihm, alle Lebensfreude verloren zu haben, ernstlich an Selbstmord zu denken. Der Arzt läßt ihn ausreden. Nach dem tristen Bekenntnis sagt er seinem Patienten, was ihm fehlen würde – einmal ordentlich lachen. Er gibt dem Armseligen den guten Rat, noch am Abend in den Zirkus zu gehen, der in der Stadt gerade gastiert – über Grock zu lachen, den komischsten Clown aller

Paradiesspaßvögel wie die Marxschen Brossers haben gefälligst von einem anderen Stern zu kommen…

Zeiten. »Wenn Sie Grock erlebt haben, werden Sie sich wieder besser fühlen«, sagt der Arzt. Der Patient reagiert wenig erbaut, er blickt unverändert traurig und gebrochen, schreitet wortlos zur Tür. »Fast hätte ich es vergessen, wie ist Ihr Name?« ruft ihm der Psychoanalytiker nach. Der Mann dreht sich um. »Ich bin Grock«, antwortet er kummervoll.

Die Tränen des Clowns, die niemand in den Zuschauerrängen mitbekommen darf.

Ganz besonders die Komiker dürfen sich nicht über die Schulter ins Herz blicken lassen.

Genaugenommen schmälert jede einzelne private Information ihr Publikum – ihre Lacher.

Es sei denn, die Information liegt genau auf der Frequenz ihrer verkörperten Heiterkeiten.

Wer die Häuser füllen und aus dem Häuschen bringen will, muß die nicht zu zählenden Ressentiments seiner Lacher strikt einkalkulieren.

Jede Glaubenszugehörigkeit verprellt die, die an einen anderen Gott glauben, genauso verhält es sich mit dem Parteibuch, selbst mit der Automarke.

Es gibt Amerikaner, die Immigrantensöhne mit deutschem Background gar nicht lustig finden. Auch soll es Frauen geben, die nicht über Groucho lachen, weil seine erste Ehefrau ein Kind abgetrieben hat ...

Wer im Interview davon schwärmt, daß er Tomaten mag, verschreckt die anderen, die auf Gurken stehen.

Komiker sind zart und zerbrechlich gebaut wie Schmetterlinge.

Ein Filmschurke mag es sich leisten können, privatim keine endlos lange Vorstrafenlatte aufzuweisen. Ein Pornostar darf sogar studiert haben. Einem Kino-Beau ist es gestattet, klaglos verheiratet zu sein und politische Ansichten zu äußern. Rockstars dürfen ungesühnt alt werden.

J. R. nach Feierabend ein Sympath? Das Publikum schluckt es.

Horrormimen mögen sich die Vampirzähne ankleben, können ihr Draculagewand an den Garderobehaken hängen und ins biedere Privatleben enteilen.

Narren dürfen das nicht.

Komödianten dürfen nicht normal sein.

Auch unter der Dusche – ihre Narrenkappe bleibt drauf, denn sonst gehen die Pointen beim nächsten Auftritt baden! In vorbildlicher Weise sind die Gebrüder Marx mit allen drohenden Image-Gefahren fertig geworden. Chico ging jedem Interview aus dem Wege, eilte lieber zu den Zocker-Tables und den Rockschößen nach. Er mußte sich nicht groß anstrengen, um seinem ausgeflippten Ruf linientreu zu bleiben. Seine Schlagzeilen liefen automatisch: Wurde zum Beispiel ein berüchtigter Mafia-Boß erschossen aufgefunden, so fanden die Bullen in seiner Brieftasche einen hochdotierten Scheck von Chico Marx.

Selbstverfreilich – ungedeckt!

Harpo hatte es noch einfacher. Er, der Stumme, blieb stumm, und damit hatte es sich.

Lediglich Profi-Stinkstiefel Groucho, sozusagen das Sprachkanonenrohr der Brossers, hatte sich mit der unstillbaren Neugier der Medien herumzuprügeln. Presseleute waren ihm verhaßt, es sei denn, es handelte sich um vollbusige, blondmähnige, engtaillierte Reporterinnen, die ihm auf die Bude rückten.

Er war gegen jede noch so indiskrete Frage gewappnet.

Fragte man ihn nach seinem Eheleben, eröffnete er sein Geistesblitzfeuer.

Dann erwiderte er: »Das Grundkonzept der Ehe ist völlig falsch. Es kann niemals funktionieren – außer zwischen zwei Männern, die beide Bascball lieben und getrennte Einkommen haben.«

Oder: »Die Ehe ist die Hauptursache für Scheidungen.«

Oder: »Das Problem der Ehe liegt darin, daß du eine Frau heiraten mußt – den letzten Menschen auf Erden, mit dem du etwas gemeinsam haben könntest!«

Angriff abgewehrt.

Wurde er mit der Frage angegangen, wen er gern als Präsidenten der Vereinigten Staaten sähe, entgegnete er: »Mich. Ich bekam mal das Angebot, in Kalifornien für den Posten des Gouverneurs zu kandidieren (Anm. d. Verf.: Nicht auszudenken – anstelle von Ronald Reagan Groucho Marx!). Und ich fragte: ›Was bringt der Job?‹ 25.000 Dollar im Jahr, sagten sie. Und ich bedauerte: ›Das verdiene ich jede Woche im Fernsehen.‹ Das war das Ende meiner politischen Karriere.«

Groucho, von seiner Nebelwand verschluckt.

Sich im Handumdrehen vor seinen Gesprächspartnern aufzulösen wie Zuckerwürfel im Nachmittagskaffee, nicht erkennbar, aber schmeckbar, trieb Grrrrr-oucho zur eigenen Kunstform. Küßchen, Kotzbrocken. Eine Geschmacklosigkeit, einem Schmetterling sein Larven-Spiegelbild vorhalten zu wollen.

Nur Dummköpfe lassen sich öffentlich aushorchen. Allein die Politiker haben begriffen, wofür die uferlosen Kommunikationssysteme des Chips-Zeitalters herhalten. Reden, aber nichts sagen. Wer sich an Abermillionen wendet, ist gezwungen, die lächelnden Lippen zu bewegen. Mehr darf nicht erwartet werden. Drum wird es allmählich Zeit, das Stumm-Fernsehen weltweit einzuführen.

Ebenso das Stumm-Radio, sobald nicht irgendein Hit Nr. 1 gedudelt wird …

Ein Glück nur, daß das Marxsche Sprachrohr den nichtssagenden Trick nicht nötig hatte.

Alles und alle auf die Schippe zu nehmen, war sein Elixier. Interviews konnte er als Lockerungsübungen für seine Lachmuskeln hinnehmen.

Um sich in den rettenden Nebel zu flüchten, schüttelte er goldene Zitate aus dem Ärmel, die heute genauso bekannt sind wie die Dialog-Classics der dreizehn Marx-Streifen.

Seine Unverfrorenheit machte vor nichts halt.

Auch nicht vor Chico. »Er mag sich vielleicht als Pianist fühlen, aber viel berufener ist er, die hübschen Girls zu geigen.«

Privatleben – tabu! Groucho, Chico und Harpo ›sangen‹ in keinem Pres-
se-Verhör. Jeder stahl sich auf seine Weise vor unbequemen Fragen davon

Oder: »Chico hat erst mit über siebzig seine Hosentüre zuge-
knöpft.«
Auch nicht vor Harpo. »Als Harpo zum erstenmal auf einer
Bühne stand, hat er sich in die Hosen geschissen.«

Groucho über Harpo – ›in die Hose geschissen‹. Groucho über Chico – ›erst mit über siebzig seine Hosentür zugeknöpft‹

Auch nicht vor Margaret Dumont. »Unter ihrer Perücke war sie kahl wie eine Billardkugel.«

Auch nicht vor seinen Fans. Ein Mann bat Groucho um ein Autogramm, reichte ihm ein Foto. »Würden Sie das bitte für meinen Sohn unterschreiben?« Groucho fing an, seinen Namen zu schreiben. Nach »Gro« stoppte er. »Wie alt ist er denn?« fragte er. »Elf Monate.« Groucho gab das halbunterschriebene Bild zurück. »Er ist noch zu jung zum Lesen«, tat es ihm leid.

Auch nicht vor hin und her flitzenden Kellnerinnen. Stets fragte er sie: »Haben Sie Froschschenkel?« Einmal erhielt er die Antwort: »Nein, es ist nur wegen des Rheumas.«

Groucho über Margaret Dumont – ›kahl wie eine Billardkugel‹

Auch nicht vor Obern. Wenn er Platz nahm und der Maître d'hôtel mit seinen Empfehlungen loslegte, unterbrach er ihn rigoros: »Ich habe keine Zeit zu essen. Bringen Sie nur die Rechnung!«

Auch nicht vor jungen Müttern am Nebentisch. »Oh, Sie mögen Kinder gern?« wurde er gefragt, als er aus der Distanz mit einer Kinderschar komische Blicke wechselte. »Nein, ich mache Kinder gern«, lautete seine Antwort.

Auch nicht vor den größten Hollywood-Giganten. Nach der Vorbesichtigung von »Samson and Delilah« bat ihn Cecil B. DeMille um seine Meinung. Die Reporter spitzten die Ohren. »Der Film wird eine Pleite«, meinte Groucho. »Der

Hauptdarsteller Victor Mature hat ja größere Titten als die Hauptdarstellerin Hedy Lamarr ...« DeMille hat nie mehr mit ihm gesprochen.

Auch vor sich machte Groucho nicht halt. »Was würdest du anders machen, wenn du dein Leben noch einmal vor dir hättest?« wurde er herausgefordert. Seine Super-Reply: »Ich würde mehr Stellungen ausprobieren.«

Sex und Money, Money, Money hielten als seine Leib- und Magenthemen her. Mit ungenierten Röntgenaugen blickte er voll durch, daß es für Zivilisationsgesellschaften nicht mal den Hauch eines anderen Gesprächsstoffs geben kann ...

Mit seiner Waffe Witz setzte sich Groucho Marx über jede sogenannte Realität hinweg. Unbekümmert boxte er sein Leben lang den nebulösen Anschein durch, als wären er und seine Brüder nicht aus Fleisch und Blut, sondern ausschließlich aus spritzigen Anekdoten gemacht.

Und am spaßigsten wurde seine Selbstverteidigung dann, wenn er ein und dieselbe Anekdote mehrmals zum besten geben mußte. Denn dann machte seine jeweilige höchst authentische Lebenserinnerung seltsame Metamorphosen durch.

Ein Beispiel zum Mitschmunzeln.

An ein Ereignis pflegt sich jeder Mensch genau zurückzuerinnern, nicht unbedingt an den ersten Kuß, den ersten Bums, nein, richtig unbestechlich funktioniert das Erinnerungsvermögen nur bei einem Stichwort – das erste nagelneue Auto.

Wie lief dieses kostbarste Erlebnis, das ein Menschenleben aufweisen kann, bei Marx-Boy Groucho?

Drei Versionen hat er gedruckt der Nachwelt überliefert.

Die erste 1959 in seiner Nebelgraphie »Groucho and Me«. Es geschah in Philadelphia, wo sie im Walnut-Street-Theatre »I'LL SAY SHE IS« spielten. Das Objekt der wahrgewordenen Träume: eine Studebaker-Limousine mit Drahtspeichenrädern und einer Blumenvase. Während der Nachmittagsvorstellung wird die Chromkarosse vor dem Theater ab-

Aufschneidermeister Groucho Wange an Wange mit Flaschenteufelchen Barbara ›Jeannie‹ Eden

geliefert. Im Bühnenkostüm als Napoleon Bonaparte – es ist gerade Pause, in fünfzehn Minuten geht die Show weiter – hechtet Groucho hinters Lenkrad. Er will nur um den Block fahren. Im Nu gerät er in den Strudel des Verkehrs, in eine Stauung, hoffnungslos von Straßenbahnen, Lastwagen, Autos und Karren eingekeilt. Es bleibt ihm nichts anderes übrig, als den Wagen – noch ohne Nummernschild – herrenlos zurückzulassen. Ein Polizist beobachtet, wie er aus dem Studebaker steigt, vermutet in ihm einen Autodieb. Es gibt eine wilde Verfolgungsjagd zu Fuß, Cop hetzt Napoleon. (Was für eine Filmszene!) Groucho wird geschnappt, erklärt, wer er ist, daß er unbedingt ins Theater müsse. Cop ist verständig, begleitet Napoleon zum Theater – Napoleon kommt gerade rechtzeitig zu seinem Auftritt. Vier Wochen später findet die Polizei den Wagen in Lancaster, Pennsylvania, mit dem Kilometerstand 4538. Einziger Schaden – große Tintenflecke auf den Polstern.

Eine ungewöhnliche Schicksalsstory zum Thema erstes nagelneues Auto?

Hier die zweite genauso höchst authentische Version, die 1972 erschien, in Arthur Marx' »Son of Groucho«:

Diesmal geschah es in New York. Casino-Theatre am Broadway. Auch die Automarke hat sich spukartig verwandelt: in einen siebensitzigen Lincoln-Sedan, der am Mittwoch während der Matineevorstellung ausgeliefert wird. Chico ist gerade beim Klavierspielen mit seinem Pistolenfingersystem, danach soll Napoleon auf die Bühne. Zehn Minuten Zeit. Der korsische Groucho jumpt in voller Bonaparte-Montur samt Säbel ans Steuer, wird prompt das Opfer der berühmten New Yorker Einbahnstraßen. »Chico mußte vierzehn Zugaben klimpern«, erinnert sich Daddy im Interview mit dem Sohn. »Und das war ein Problem, denn er hatte nur zehn Nummern drauf.« In seiner Verzweiflung wendet der Lincoln-Fahrer, wo wenden strikt verboten ist. Ein Polizist stoppt ihn. Angesichts des Napoleon-Kostüms tippt er, im Gegensatz zu seinem Kollegen in Philadelphia, auf einen Verrückten, der aus der Klapsmühle entsprungen ist. Es kommt zum dramatischen Dialog. »Aber ich sag's Ihnen doch, ich bin einer der Marx Brothers«, beharrt Groucho. »In dieser Minute habe ich meinen Auftritt.« Der Cop reagiert skeptisch: »Wenn Sie einer der Marx Brothers sind, dann lassen Sie mal was Komisches hören.« Kontert Groucho: »Wenn Sie ein Polizist sind, dann lassen Sie mal sehen, wie Sie jemanden verhaften.« Folge: Der Cop glaubt dem Napoleon, eskortiert ihn sogar zurück zum Casino-Theater. Happy-End ohne Tintenflecken. – Auch schön, nicht wahr?

Nun die dritte und letzte Fassung, veröffentlicht 1978, ein Jahr nach seinem Tod. Im Interview mit Charlotte Chandler mutiert der Lincoln-Sedan wieder zurück zum Studebaker, New York zurück zu Philadelphia. O-Ton ab: »Der Händler brachte mir also den Wagen zum Theater. Er war Franzose, er nannte ihn immer ›Stü-dä-bäk-kär‹. Ich war versessen darauf, eine Spritztour zu machen. Und so stieg ich in der Pause in das Auto, und wenig später war eine Autoschlange vor mir und eine hinter mir. Ich saß fest und mußte in fünf Minuten wieder auf der Bühne sein. Ich flitzte in Richtung Walnut-Street-Theatre los. Als Napoleon verkleidet rannte ich die Straße lang. Und ein Polizist hinter mir her. Er dachte, ich wäre verrückt. Gerade rechtzeitig kam ich im Theater an. Das Auto ließ ich in der Schlange stehen. Wahrscheinlich ist da heute noch 'ne Stauung.«

Take Nummer 3: Unhappy end.

Fröhlich ist das Groucho-Leben. Wie triste läuft dagegen die erste Autoliebe der Normalsterblichen ab, hinein ins Autohaus, Anzahlung auf den Tisch, und los geht's im Knitteranzug von der Stange.

Groucho übertrumpft uns alle. Er wächst sogar über den untersetzten Napoleon hinaus, als er sein fabrikneues Gefährt entjungfern darf!

Er zählt zu den Auserwählten. Er muß nicht durch die graue Welt laufen, in der sich die Langeweile über den Asphalt ergießt. Groucho läuft durch prickelnde Filmszenen.

Die Ästhetik eines Aufschneiders.

»Manchmal widersprechen sich Geschichten, die Sie erzählen. Welche Versionen soll man glauben?« wurde er einmal zur Rede gestellt.

»Alle«, sagte er ungerührt. »Ich bin ein Lügner.«

Ist ein Lügner noch ein Lügner, wenn er zugibt, ein Lügner zu sein?

Der Bruder Marx, der wie kein anderer diesen Planeten zum Narren hielt, schwärmte lange Zeit, wie er sich seine Grabinschrift vorstelle.

»Hier liegt Groucho Marx und liegt und liegt und lügt. Nie küßte er ein häßliches Mädchen.«

Natürlich – auch die Grabinschrift ist nicht wahrgeworden.

Auch der Ausdruck lügen ist gelogen.

Der Wahrheit und nichts als der Wahrheit hat Groucho zu ihrem Recht verholfen in einem unbedachten, unauffälligen Moment.

Während Charlotte Chandler an ihrer Biographie arbeitete, schlug er ihr einen Buchtitel vor, der alles sagt: Groucho Marx and Other Short Stories.

Volltreffer.

Sie alle sind Short Stories gewesen. Groucho, Harpo, Chico. Mamarx. Levy und Fanny.

Erzählungen.

Die knallharte, erbarmungslose, gar nicht komische, überhaupt nicht unterhaltsame Realität liegt zwischen den Zeilen, die überliefert wurden. Die nackte Wirklichkeit steht nirgendwo geschrieben, findet ausschließlich in der Phantasie derjenigen statt, die den drei Nonsens-ualisten hingerissen hinterherlesen – hinterherleben.

Kein Zufall, daß Groucho das Dorf seiner Großeltern im Nebel ließ, ohne »r« als Donum niederschrieb, lateinisch: Gabe, Geschenk. Kein Zufall, daß Opie Levy hundertundein Jahre alt wurde.

Am wenigsten ist es ein Zufall, daß das Milieu, woher die Marxens kamen, wohin die Marxens gingen, die heile Technicolor-Welt der Lachgrübchen war.

Der größte Marx-Brothers-Film aller Zeiten – ihr Leben.

Leinwand frei für die Schönbergs, die mit der Augustflower nach Amerika kamen, weil sie die Mayflower verpaßt hatten.

Wie geht's mit ihnen weiter?

Nach den wenigen Fußabdrücken im Niedersächsischen Staatsarchiv von Aurich – nun die Short Stories.

Die New Yorker Erzählungen …

Egal, wie schlimm die Anfangsjahre für Levy und Fanny und für ihre fünf Töchter und zwei Söhne in »Big Apple« waren, sie durften stets auf den Schutz einer großen Verwandtschaft hoffen. Später einmal wies Harpo darauf hin, daß der Clan

Drei Märchen aus 1001 Hollywoodnacht: Das Privatleben der himmlisch bösen Brüder – ein Sammelsurium der wundersamsten Short Stories

der Schönbergs samt angeheiratetem Klüngel rund fünfzig Häupter zählte. Das erleichterte gewiß die Umstellung im Wolkenkratzermeer der neuen Heimat.

Schöntje, Sara und Hanchen waren im heiratsfähigen Alter. Die Familie wuchs.

Keine Chance bot sich Levy und Fanny, ihre alten Tingeltangelleidenschaften auszugraben. Ein Bauchredner, der mit der neuen Sprache nicht zurechtkam, eine deutsche Jodlerin an der Harfe, das haute in New York nicht hin. Aber dennoch – die Harfe gehörte bei jedem Umzug zum kostbarsten Mobiliar, sie hatte die Überfahrt über den Atlantik ohne Kratzer überstanden, und unbeschädigt konnte sie vor sich hinstauben ...

Levy Schönberg zog als Regenschirmflicker durch die Straßen, mit einem ambulanten Koksofen, in dessen Glut er kaputte Schirmrohre zusammenschweißen und zurechtbiegen konnte.

Jobs gab es damals in Hülle und Fülle, und jeder in der Familie packte mit an, damit sie über die Runden kamen.

Miene, jetzt Minnie, arbeitete in einer Strohhutfabrik.

Ihr jüngerer Bruder Adolf, jetzt Al, wurde Hosenbügler und gründete nach Feierabend immer neue Gesangsgruppen.

Kaum 18 geworden, brachte Minnie ihre große Liebe aus der Tanzschule mit, Simon Marx, genannt Sam, der dort in schnieker Schale als Tanzlehrer fungierte. Sam war mit seinem Familien-Clan aus dem Elsaß eingewandert, und in seiner Verwandtschaft hatten es bereits einige zu imposanten Karrieren gebracht.

Sein jüngerer Bruder Max Marx – kein Witz! – renommierte als Kostümbildner am Theater, er gehörte zur Crème de la Crème, galt als der Herrenausstatter der Stars vom Broadway. Sein älterer Bruder Sam – warum er auch Sam hieß, weiß der Teufel – hatte eine beachtliche politische Laufbahn eingeschlagen, war ein großes Tier in New Yorks Tammany Hall, die unter anderem auch für die Straßenbenennung zuständig war. Noch heute gibt es an der Ecke 116. Straße/Lenox Avenue einen »Marx Platz«, der nichts mit Karl zu tun hat. Er wurde Sam Marx zu Ehren so getauft!

Simon »Sam« Marx, der es gerade mal zum Tanzlehrer schaffte, mußte in seiner Familie der Marxens als Versager gelten. Das erklärt, warum er sich rasch auf die Seite der Ex-Tingeltangel-Sippe schlug. Er war kein Mann der Ambitionen, und deshalb mußte er sich bei Minnie und ihrer Clique besonders wohlfühlen.

1884 wurde geheiratet. Sam war 23, seine Minnie knapp 20. Die offensichtliche Labilität des jungen Ehemanns stellte sich recht bald als Glücksfall heraus, denn er als einziger Schwiegersohn hatte überhaupt nichts dagegen, daß Minnie ihre Eltern mit in die Ehe brachte.

Das einzige Foto-Dokument von Minnie & Frenchie, 1914 aufgenommen

Minnie, der ein starker Kopf nachgesagt wurde, hatte den Richtigen gefunden, der ihr die größtmögliche Bewegungsfreiheit gönnte. Im Grunde ihres Herzens war sie die ewige Varieté-Tochter geblieben, die nur darauf lauerte, just wie ihr Bruder Al, in den verlockenden Dunst der Schmierenbühnen einzutauchen. Sie drängte nach draußen, das typische Outside-Girl. Sam war häuslich bis in die Knochen, der Hausmann par excellence. Als Versager vom Dienst fürchtete er die Welt draußen.

Somit war ein ideales Grundfundament gegossen. Der anstehende Klapperstorch konnte bringen, was er wollte, für Harmonie daheim war dank Sam gesorgt. Minnies Tingelträume hatten berechtigte Zukunftschancen.

Pünktlich nach dem Ja-Wort stellte sich der erste Stammhalter ein. Wie dominierend Minnies Position gewesen sein muß, illustriert die Namenswahl. Der Junge bekam keinen französischen, sondern einen deutschen Namen: Manfred. Zu dieser Zeit fing Minnie konsequent an, sich im Billigstshowbusiness zu etablieren. Sie managte Brüderchen Al, boxte für seine Quartette Auftritte und Gagen durch, und sie fühlte sich bestätigt – in der Ära des Vaudeville lag das Geld auf den schmutzigsten Straßen, in den schummrigsten Eck-Kaschemmen ...

Zu Hause war alles unter Kontrolle. Sam werkelte als Schneider, anfangs sogar mit einer eigenen Werkstatt, doch zur Nadel und zum Faden griff Sam nur in größter Not, wenn es unbedingt sein mußte. Seine Leidenschaft fand in der Küche statt. Er war es, der für alle kochte, der aus den kargsten Zutaten die prachtvollsten Suppen zauberte. Sam – ein Geschenk des Himmels. Denn sie waren nicht nur eine Großfamilie, sondern allabendlich eine Größtfamilie, meistens an die fünfzehn Esser. Die Verwandtschaft ebenso wie irgendwelche Landsleute aus Ostfriesland oder dem Elsaß pflegten bei Minnie und Sam zusammenzuströmen, sobald die Terrine ins Zimmer getragen wurde.

Eine Familienidylle. Es reichte, daß alle satt wurden. Waren die Mietrückstände zu hoch, daß selbst Geldpumpen nicht half, so zog man einfach um in die nächste Wohnung. Es ging ihnen nicht blendend, aber doch glückstrahlend. Streit, Unzufriedenheit, Nörgelei war bei den Marxens nicht zu Hause.

1887 – der zweite Stammhalter trudelte am 22. März ein. Leonard. Chico in spe.

Kurz nach seiner Geburt traf die jungen Eltern ein schwerer Schicksalsschlag. Der dreijährige Manfred verunglückte tödlich. Wie das Unglück geschah, darüber fiel niemals öffentlich ein Wort ...

In ihrer Verzweiflung klammerte sich Minnie an ihren zweiten Sohn, der ihr blieb und der ihr die Kraft gab, mit der schrecklichen Tatsache fertig zu werden. Dies erklärt, warum für alle Zeit Chico ihr Lieblingssohn war, zu dem sie sich besonders hingezogen fühlte.

Am 23. November 1888, als Manfred starb, folgte Sohn Nr. drei: Adolph Arthur, Harpo in spe, dem Oma Fannys verstaubte Harfe entgegendämmerte.

Minnie und Sam spezialisierten sich, dem Himmel sei Dank, auf Jungs.

Der vierte, der leider nur ihr dritter wurde, meldete sich am 2. Oktober 1890 zur Stelle. Julius Henry. Im Zuge der Amerikanisierung schon nicht mehr derart deutsch klingend. Groucho in spe.

Im selben Jahr, während sich der zukünftige Schnauzbart- und Zigarre-Stinkstiefel auf diese Welt einkrähte, die soeben Vincent van Gogh an anderer Stelle freiwillig verließ, zog die Marx-Family wieder einmal um, von der 78. Straße Ost zwischen Lexington und Third Avenue in die 93. Straße Ost, hart am Rande es Deutschen-Viertels Yorkville. Hinein in den Melting Pot irischer, italienischer und deutscher Immigranten.

Hausnummer 179.

Hier, zwischen deutschen Brauereien, schlugen sie Wurzeln.

Hier fand die Kindheit der Marx-Brothers statt.

Noch zwei Söhne standen aus. Milton – Gummo in spe – schloß sich der Großfamilie 1897 an und Herbert – Zeppo in spe – 1901.

So, das reichte dann auch schon.

Nicht ganz. Opie Levy, Omie Fanny, Mamarx Minnie, Vater Frenchie, fünf Jungs auf wenigen Quadratmetern im Erdgeschoß. Da vier Kinder in ein Bett paßten – zwei vorne, zwei hinten –, war noch genügend Platz für Familienzuwachs. Minnie adoptierte die kleine Polly aus der verunglückten Ehe einer ihrer Schwestern und nahm auch gleich noch ihre Schwester Hannah unter ihre Fittiche. Im Dutzend billiger. Auf-Trab-Familie Hausnummer 179.

Und Daddy Frenchie kam nicht mehr aus dem Suppenkochen heraus. Zum allabendlichen Mammut-Diner gesellten sich jetzt auch noch Schmierenbühnen-Leute, denen Minnie ihren Sangesbruder Al aufzuschwatzen hatte.

Zusammen mit Hannah trat Minnie gelegentlich auch selber irgendwo auf, sobald nicht diese oder jene Schwangerschaft dazwischenfunkte. Aber sie sah schnell ein, wo ihre eigentli-

Der versammelte Marx-Clan vor dem Ersten Weltkrieg. Von links nach rechts: Harpo, Chico, Frenchie, Klein-Zeppo, Minnie, Gummo und Groucho. Diese Mutter und diese Jungs sind nicht zu bremsen!

chen Talente schlummerten. Minnie Marx – die geborene Managerin, die Karriere-Kupplerin, mit allen Wassern gewaschen. Sie führte das Regiment, ging mit dem Kopf durch die Wand.

Warum Groucho ausgerechnet Julius Henry heißen mußte? Weil er einen Onkel Julius hatte, der an der Third Avenue einen Zigarrenladen führte. Minnie fiel auf eine Fehlinformation herein, die wahrscheinlich der Julius selber lanciert hatte. Von wegen er wäre steinreich. Er fühlte sich derart durch die Namenswahl geehrt, daß er seinen Laden aufgab, zu den Marxens in die Nummer 179 zog, dort das schönste Zimmer erhielt. Und dort blieb er, bis der nach ihm Benannte zum erstenmal heiratete. Bevor Onkel Julius hinausgefeuert werden konnte, starb er und hinterließ Groucho sein gesamtes Vermögen: vierundachtzig Dollar Schulden bei Sam, einen Billardball, eine Schachtel mit Leberpillen und eine Hemdbrust, die ein Oberhemd vortäuschte ...

Und wie kam Minnie auf Henry? Von einem anderen Onkel, dem Mama einen Fünfdollarschein schuldete und der ihr folgendes Geschäft antrug: »Minnie, wenn es wieder ein Junge ist, nenne ihn nach mir, und dann streiche ich dir die Schulden. Ich weiß, ich bekomme mein Geld ohnehin nie zurück.« Gerade in solchen Kleinigkeiten zeigte sich, daß Minnie vor nichts zurückschreckte, um ihre unzähligen Esser daheim durchzukriegen.

Mit der Seelenruhe einer erbarmungslosen Dea ex machina brachte sie Jahre später ihre Adoptivtochter Polly unter die Haube. Sie lud Sam Müller, einen gutverdienenden Schneider, zum Abendessen ein und pries das fantastische Mahl als Pollys Werk. Dies wiederholte sie einige Male, und kurz darauf gab sich Sam Müller geschlagen, heiratete Polly und hatte mit ihr vier Kinder. Er wurde mit ihr glücklich, auch wenn er schon bald mitkriegte, daß Polly überhaupt nicht kochen konnte ...

Aus diesem Zauberholz war Minnie geschnitzt. Die wichtigste Lektion, die sie ihren Söhnen erteilte: Sich blitzschnell zu verstecken und den Mund zu halten, sobald es klingelte. Denn dann stand Mr. Greenbaum, der Vermieter, vor der Tür, um die gesammelten Mietrückstände in bar zu kassieren. Alle anderen Besucher in der Erdgeschoßwohnung waren angehalten zu klopfen, wenn sie hereingelassen werden wollten.

Minnie hatte ausgiebig Gelegenheit, sozusagen im Kleinen ihr Management zu trainieren. Solange ihre Knirpse heranwuchsen, schnupperte sie zusammen mit ihrem Bruder Al Shean, den sie als holländischen Komiker unter die Leute brachte, in ein Business hinein, das erst noch richtig auf sie wartete.

Bühnen, vom Theater bis hinunter in den Biergarten an der nächsten Ecke, gab es damals in den Vereinigten Vaudeville-Staaten wie Sand am Meer, wie heutzutage Hämbörger-Stationen. Selbst untalentierten Akteuren boten sie Platz und Gage. Zum Programmablauf gehörten schließlich auch die Nieten, an denen das Publikum seine Schadenfreude auslassen konnte.

Wer es nicht zum strahlenden Publikumsliebling bringen, nicht singen, nicht musizieren konnte und womöglich auch noch vom Aussehen her gestraft war, der besaß immer noch, ob freiwillig oder unfreiwillig, eine Chance als Komiker …

Die Zeit spielte für Minnie und ihren, wie sie später formulierte, »Master Plan«.

Völlig schnurz, wie sich ihre Söhne entwickelten, irgendeine Bühnenkarriere würde sie ihnen schon aufdrücken. Komme, was wolle! Das Ticket namens Varieté war in ihren Augen die einzige Fahrkarte, aus dem Jammertal des knapsigen Alltags herauszukommen.

Kurios wird es nur, wenn man den knapsigen Alltag der Marxens aus heutiger Sicht betrachtet. Dann wird man leicht sentimental, vergißt die finanziellen Entbehrungen, den sozialen Status der Chancenlosen – allein die Wärme des übervölkerten Nestes in der Nummer 179 läßt einen nicht mehr aus dem Staunen herauskommen.

Zitat Groucho: »Wir schliefen zu viert in einem Bett. Wir waren zu zehnt, und es gab nur eine Toilette. Das nenne ich ziemlich arm, aber wir wußten es nicht. Wir waren fröhlich. Wir liebten unsere Mutter und unseren Vater ...«
Zweifellos – ein Kindergarten Eden.

Opie schlurfte zwischen dem Vorderzimmer und der Veranda hin und her, las in der Thora, erzählte den Kids auf deutsch Geschichten aus der Haggada. Und damit sie ihm ja zuhörten, redete er Bauch oder zeigte zwischendurch seine Zauberkunststücke. Omie holte die Harfe heraus. Frenchie, wenn er nicht rein zufällig einen miserablen Anzug herstellte, hockte am Küchentisch, bereitete die wohlduftenden Gaumenfreuden vor, die höchstens einen Appel und ein Ei kosten durften. Mama mit dem Drang zur Außenwelt schneite von ihren Exkursionen durch die Besetzungsbüros herein, erzählte wundersame Erlebnisse aus der geheimnisvollen Welt des Rampenlichts.

Und dann die Parade der tollsten Typen aus der Verwandtschaft. Durch die Bank gescheiterte Existenzen, denn die Erfolgreichen aus Frenchies Familie mieden die Familie, die ihnen nicht standesgemäß vorkam.

Zum Beispiel Dr. Carl Krinkler, Grouchos Lieblingsonkel. Ein Hühneraugenoperateur, der mit seiner kleinen schwarzen Tasche von Tür zu Tür marschierte und halb New York an den Zehen herumschnippelte. Fünfundzwanzig Cent pro Paar Füße. Sein Traum vom großen Geld scheiterte jämmerlich. Als Mitglied einer Brandstifter-Gang, die auftragsgemäß schlechtgehende, aber hochversicherte Hotels abfackelte, wurde er geschnappt und für fünf Jahre hinter Gitter in den Urlaub geschickt.

Der eben genannte Onkel Julius, der sich wie ein Kuckuck breitmachte und allein durch die Gaukelei existierte, er sei stinkreich, sorgte mit seiner Passion für Pferdewetten für immer neue Spannung.

Schier königlichen Glanz in die Bude trug Onkel Al. Wenn er mit der Kutsche in der 93. Straße Ost vorfuhr, stand die

So wie die berühmte Kabinen-Szene von ›A Night at the Opera‹ muß man sich wohl das Wohnzimmer von Nummer 179 vorstellen: Wegen Überfüllung nie geschlossen

Nachbarschaft kopf. Der Bühnenkünstler aus dem Bilderbuch. Langes Haar, das ihm bis in den Nacken wallte, Koteletten, Frack, Zylinder, ein Spazierstock mit Goldknauf.

Er knallte die Knete auf den Tisch, und alle Jungs mußten losflitzen, die teuersten Delikatessen heranzuschaffen. Jeder Sohn bekam ein bißchen Geld, und je steiler seine Karriere anstieg, desto höher fiel sein Zuschuß zum Minimalsttaschengeld aus.

Vor Onkel Al schmolzen die Marx-Boys-Herzen wie Margarine in der Sonne.

Minnie war's recht. Das majestätische Vorbild ihres jüngeren Bruders würde ihr bald jegliche Erklärungen und Kommandos ersparen ...

Später schrieb Groucho in einem seiner berühmten Briefe zwei lapidare Sätze: »Ich ging ins Showbusiness, weil der Bruder meiner Mutter Al Shean war. Er verdiente damals 250 Dollar netto die Woche, und spontan beschloß ich, wenn so viel Geld im Showbusiness herumlag, mir auch davon meinen Anteil zu holen.«

Was bei ihm und seinen Brüdern lief, war bereits das pure Living Theatre, rund um die Uhr in den drei Sprachen Broken English, Plattdeutsch und Französisch. Ein Heer von eigenbrödlerischen Akteuren posierte vor den hingerissenen Zuschauern Chico, Harpo, Groucho, Gummo und Zeppo.

Nicht zu vergessen Tante Hannah, die mit ihrer Schwester Minnie ein Herz und eine Seele war und auch gelegentlich irgendwo auftrat. Hannah war Dauersitzerin auf dem Klo, denn nur dort hielt sie es für schicklich, ihre geliebten Zigaretten zu qualmen.

Hannahs Clam-Chowder-Suppe aus Muscheln und Gemüse galt als Himmel auf Erden. Grund: Sie kochte sie in demselben Topf, in dem sie auch die Wäsche der gesamten Familie kochte!

Noch ein armseliger Verlorener, der in regelmäßigen Abständen an den Abendbrottisch der Traum-WG drängte: Heine Schoenberg, nunmehr Harry genannt. Auf besonders tragische Weise lappten Als und Minnies Ambitionen auch auf ihn über, obwohl er als Toiletten-Installateur blendend im Geschäft war. Jäh fühlte er sich ebenso berufen, ließ seinen Betrieb sausen und machte auf Varieté.

Was aus ihm wurde? Groucho: »Er ging den Fluß runter. Meine Brüder und ich mußten später für seine Beerdigung aufkommen.«

Die Kindheit der Brothers gehört echt der fernsten Vergangenheit an, ausgestorben wie die Dinosaurierer. Praktisch fand eine Erziehung nicht statt, nur gucken, hören, fühlen, sich wohlfühlen in zirzensischer Solidarität. KeineAnsprüche, keine gezeterten Erwartungen, keinerlei Streß. Harmonie der Gescheiterten. Jeder durfte sein, wie er war, je kauziger, schrulliger, desto lieber.

Das Zuhause ein Non-stop-Theater. Die Welt der Straße – die Schule fürs Leben. Drinnen das geborgene Wohlbehagen, draußen die Survival-Kämpfe des sich Durchsetzens, die Umsetzung der eigenen Träume.

Mit den offiziellen Schulen hatte kein Marx Brother etwas im Sinn. Ausschließlich Zeppo, der jüngste, das Schlußlicht, machte sein Abitur, absolvierte seinen Graduation Day, denn zu seiner Zeit rollte längst der Dollar.

Die kürzeste Schulzeit gönnte sich Harpo, der bereits im zweiten Grundschuljahr dieser städtischen Institution den Rücken kehrte, um als Analphabet ins Leben zu treten. Er lernte autodidaktisch lesen, buchstabieren und halbwegs schreiben anhand der Reklame- und Verbotsschilder in den Streets. Dort war er, der Träumer, besser aufgehoben. Er träumte von Beethoven, Mozart und Bach.

Groucho: »Harpo war der solide Sohn in der Familie. Er hatte alle guten Eigenschaften meiner Mutter geerbt ...«

Harpo mit 13. Seine
Schule war das Leben

Wie gesagt, nur die hehren, nicht den energischen Ellenbogen.

Er war von früh an der Typ, der mitgerissen werden mußte. Allein, auf eigenen Füßen, hätte er keinen einzigen Schritt getan.

Zu seinem Adoptivsohn Billy sagte er später einmal: »Weißt du, ich hatte ein unverschämtes Glück auf dieser Welt. Hätte ich keine vier Brüder gehabt, die mir halfen, mich durch alles durchzukämpfen, was wir durchmachen mußten – ich hätte es nie zu was gebracht ... Well, ich habe Glück gehabt. Ich habe Partner und Freunde gehabt, die für mich jede einzelne Schlacht ausfochten.«

Zu seinem Talent, durch die Welt um ihn herum durchzuschauen, als wäre sie nichts als eine Fensterscheibe, gesellte sich sein zweites besonders ausgeprägtes Talent, Unfug zu machen, die wüstesten Streiche zu spielen, daß die Fensterscheibe zerklirrte ...

Chico, der Älteste, erbte von Mamarx die Tricks, die unerschütterliche Unverfrorenheit.

Er hätte das Zeug zum Einstein gehabt, seine Gehirnzellen funktionierten wie ein Taschenrechner. Jede mathematische Aufgabe löste er im Kopf schneller als auf dem Papier oder mit dem Rechenschieber.

Er brachte fabelhafte Zeugnisse aus der Schule heim, doch das ließ ihn kalt. Sein Zahlen-Genie trieb ihn in eine andere Abhängigkeit, in die unheilbare Sucht des Spielers, lieferte ihn den Pferden, dem Bridge-, Poker-, Pinochle- und Billard-Spiel zu Einsätzen aus, die stets höher waren, als er sich's leisten konnte.

Rein zwangsläufig mußte er zum gerissenen, verantwortungslosen Burschen werden, der alles, was daheim nicht niet- und nagelfest war, ins Pfandhaus schleppte, um an das nötige Bare ranzukommen.

»Einer der egoistischsten Menschen, die mir in meinem Leben begegnet sind«, memorierte Groucho. »Für Chico war nach Spielen und Gewinnen das zweitschönste: Spielen und

Schürzenjägermeister Chico (mit Ilona Massey in ›Love Happy‹)

Verlieren. Chico genoß es sogar, wenn er verlor. Er sagte, er
hätte das Vergnügen gehabt, zu glauben, er würde gewinnen.
Und dann, wenn es vorbei war und er verloren hatte, genoß
er das Vergnügen zu glauben, er würde beim nächsten Mal
gewinnen.«

Chicos Lieblingsphilosophie lautete: »Es ist besser, immer wieder zu verlieren, als nie verloren zu haben ...«

Seine andere Gier, die Weiber, Weiber, Weiber, nahm er mit derselben mathematischen Konsequenz.

In gewisser Weise wäre Chico allein auf weiter Flur ebenso kläglich gescheitert, wie der Tagträumer Harpo. Vielleicht war das der Grund, weshalb diese derart gegensätzlichen, aber in diesem Punkt übereinstimmenden Brüder wie Pech und Schwefel zusammenhielten. Als Kinder sahen sie sich ähnlich, als wären sie Zwillingsbrüder.

Zum typischen Einzelgänger der Traum-WG von Nummer 179 wurde Groucho, der sich rasch von allen ein bißchen abkapselte, weil er sehr darunter litt, daß Minnie ausgerechnet die besonders mochte und ihm vorzuziehen schien, die in seinen Augen Taugenichtse waren. Mit Harpos passivem Herumhängen und albernem Quatschmachen liebäugelte er ebensowenig wie mit Chicos Wahnsinn, womöglich für ein Bridgespiel noch Opie ins Pfandhaus zu schmuggeln.

Groucho erbte von Muttern den Ehrgeiz total.

Amerikanischen Reportern gelang es, ein Nachbarstöchterchen aufzuspüren. Ethel Wise, die mit ihren Eltern eine Etage über dem Marxschen Living Theatre wohnte, gab zu Protokoll: »Nach der Schule gingen wir Kinder immer zu den Marxens, denn dort gab es für alle leckere Plätzchen. Es ging bei ihnen stets ungeheuer lustig zu. Es waren wilde Burschen mit viel Talent, sich zu amüsieren. Die Wohnung sah immer wie ein Schlachtfeld aus, besonders wenn Mrs. Marx sie alleine ließ. Ewig rissen sie die Gardinen runter und verkleideten sich als Gespenster. Gegenüber wohnte die Frau eines Arztes, die immer Zettelchen rüberschickte, von wegen daß sie die Polizei rufen wolle, aber das hat die verrückten Jungs nur noch mehr aufgestachelt. Die ganze Familie war ständig am Herumalbern. Sie hatten immer mächtig viel Jokus und ließen sich's gut gehen, aber alle hatten mächtigen Respekt vor ihrer Mutter. Groucho war der Ernsthafteste und auch der Ambitionierteste.

Er wählte dezentere Methoden, sich das Taschengeld – wöchentlich fünf Cent – aufzumöbeln. Clever riß er sich darum, das Brot einholen zu dürfen, kaufte in der Regel das Brot von vorgestern, das einen Cent billiger war, und strich die Differenz als Gewinn ein, den er sorgfältig »verwaltete«, wie er später in seinen Memoiren formulierte. Groucho entwickelte einen Trieb, der als anti-marxistisch galt. Er verjubelte das Geld nicht, dem er nach außen seriöser nachjagte. Er sparte.

Für seinen Lehrer Bertram Smith besorgte er in der Pause lukullische Leckerbissen aus den umliegenden Lokalen, vielleicht um sich ein wenig anzubiedern, in jedem Falle wegen des Lohns, der ihm am Ende des Semesters ausgehändigt wurde. Eine derbe Enttäuschung. Er hatte von zwanzig Dollar geträumt. Daraus wurde – einer!

Der Stinkstiefel mit dem Unschuldslächeln (und Lisette Verea in ›A Night in Casablanca‹): Sein erstes Opfer hieß Lucy

Aber so war Klein-Groucho! Für diesen Dollar kaufte er seiner Mutter eine neue Kaffeekanne. Denn die alte leckte und hatte des öfteren die Gasflamme gelöscht und einige Familienmitglieder an den Rand des Gastodes befördert. So sehr scherte er sich um Minnie und die anderen, doch eine Sonderstellung war ihm daraufhin nicht vergönnt.

Er kapierte schnell seine Lektion – Undank ist der Welt Lohn.

Und um diese Tatsache kleisterte sich sein Charakter: penibel bis geizig mit dem Geld. Money in den Socken versteckt – »Ich hatte viel Soxappeal!« –, triumphierte über alles. Zum Stinkstiefel, englisch: Grouch, war es kein weiter Weg.

Groucho at his best mit zwölf: Für Lucy, die zwei Stock höher wohnte, ließ er einen Teil seines gehorteten Kapitals springen. Genau siebzig Cent. Damit lud er sie in Hammerstein's Victoria-Varieté ein. Alle Kosten hatte er von vornherein kalkuliert, die Eintrittskarten, das Fahrgeld für die Straßenbahn. Aber Lucy schmiß seine Kalkulation über den Haufen. Sie bestand auf einer Tüte Makronen, die ein Straßenhändler feilbot. Geblendet von ihrem Charme zahlte er die fünf Cent. Nach der Vorstellung schlug die Stunde der Wahrheit. Es herrschte ein böser Schneesturm. Er erklärte ihr, warum er nur noch das Geld für ein Straßenbahn-Ticket hatte. In einem sachlichen Plädoyer machte er Lucy klar, daß sie allein verantwortlich dafür war, daß es nur rechtens wäre, wenn sie zu Fuß ginge. Aber er wäre nun mal ausgesprochen fair, und so müßte das Schicksal entscheiden, wer zu Fuß zu marschieren hätte. Er warf einen Nickel in die Luft und gewann. Er nahm die Tram und ließ seine große Liebe in der bitterkalten Dunkelheit zurück ...

Dazu Groucho später: »Die weiblichen Vertreter des Menschengeschlechts haben mich von jeher verblüfft. Aus irgendeinem Grunde sprach Lucy nie mehr mit mir. Als ich sie das nächste Mal sah, schnitt sie mich. Hätte sie ein Messer bei sich gehabt, so hätte sie mir wahrscheinlich die Kehle durchgeschnitten.«

Früh-Teens Groucho und Harpo (mit seinem Dog Moxie)

Solange er zur Schule ging, trug er sich mit dem Wunsch, Arzt zu werden, wie Dr. Rupert Beltrofer, der die 93. Straße verarztete. Eben was Anständiges, was Angesehenes. Das änderte sich schlagartig, als er mit dreizehn Jahren und schlimmen Noten seine schulische Laufbahn beenden mußte. Sein Bildungskomplex hat ihn bis an sein Totenbett verfolgt. Just wie Chico um Geld spielte, wie Harpo seinen Träumen nachhing, so fraß er sich durch die Bücher, um es wenigstens zu einem belesenen Menschen zu bringen …
Direkt gesagt: Groucho war derjenige Einzelgänger, auf den allein sämtliche Marx Brothers zu reduzieren sind. Ohne Zweifel hätte er es auch ohne Harpo und Chico genausoweit auf den Olymp geschafft. Aber zum Glück stammte er aus der Kindergarten-Eden-WG und wäre zu diesem Egoismus niemals fähig gewesen. Was für ein Kotzbrocken mit Glukkenherz! Sein Leben lang hockte er auf seinem Geldsäckel, doch er zuckte nicht mit der Wimper, wenn seine leichtsinnigen Brüder und auch andere Verwandte ihn mit der Regelmäßigkeit einer Morgenzeitung um Geld anhauten. Dieser Charakterzug ging auch auf Minnies Konto. Die Truppe zusammenhalten – ohne den geringsten Anflug von Vorwürfen.

Jeder hatte das Recht, so zu sein, wie er war. Das oberste Recht eines Menschen ist, wie er es einmal sagte, sein Recht auf Dummheit.

Die Story mit Lucy enthält bereits den roten Faden, der sich durch sein Leben mit den Frauen zog.

Wie brachte er sein Intimleben selbst auf eine grouchige Formel? – »Jede Frau bekam Chico mit seinem Charme ins Bett, während ich sie heiraten mußte!«

Charlotte Chandler ist der Satz der Sätze zu verdanken: »Er war mehr ein Werther als ein Don Juan.«

Den höllischen Spaß, den er im Alltag nicht erhaschen konnte, packte er sich einfach ins Gehirn, in den Nacken des Schalks. Er wurde förmlich zu seinen spontan-witz-verbalen Orgien verdonnert. Der Knattermotor, ohne den es keine Brothers gegeben hätte ...

Tja, und dann standen da in No. 179 noch zwei an. Gummo. Wieder so ein extremes Individuum. Der Techniker, Fummler, Tüftler und Erfinder. Ein Daniel-Düsentrieb-Marx. Der aus ein paar Blechkonserven glatt das Perpetuum Mobile erfunden hätte, wenn er gewollt hätte. Im späteren Glanz der drei mußte er mit dem Los fertig werden, der unnötige Vierte zu sein.

Ebenso wie Zeppo, der in Gummos tragische Fußstapfen trat.

Zeppo fiel völlig aus dem Rahmen. Zeppo der Schönling mit Abitur? Er war der Typ Schläger, der Junge mit den Fäusten, zusätzlich bot er sogar privat mehr Stegreif-Witz als Groucho auf. Um so konsequenter ließ ihn das Glorien-Trio nicht aus dem Schatten heraus.

Was wurde aus Gummo und Zeppo, nachdem sie von ihren eigenen Brüdern ohne Pardon in die Wüste geschickt wurden?

Sie wurden – die Manager und Agenten der berühmten Marx Brothers. Drei Ausrufungszeichen: !!!

Da sieht man mal, wie diese Familie Marx zusammengehalten hat. In ihrer Kindheit hockten sie sich im warmen Nest

Groucho und die Weiber: Nicht nur die Zigarre stand immer zwischen ihnen

auf der Pelle, jeweils vier schliefen in demselben Bett, zwei vorn, zwei hinten, dieses Zusammengehörigkeitsgefühl währte fünf Leben lang ...

Im nachhinein drängt sich ein gewisser Verdacht mit Heiligenschein auf.

Und wenn das Minnie instinktiv geahnt, empfunden hätte?

In normalen Berufen wären ihre Söhne hoffnungslos in alle Himmelsrichtungen versprengt worden, speziell Chico und Harpo wären vor die Hunde gegangen. Als Marx Brothers blieben sie ein Herz und eine Seele, egal wie gegensätzlich sie veranlagt waren. Als Superstars halfen sie einander, küm-

Die Marx Bros. Company als Lebenskommune. Gemeinsam halfen sich die Brüder brüderlich über jeden Berg. Solo hätte wahrscheinlich nur Groucho eine Chance gehabt

merte sich einer um den anderen. Lediglich als Komödianten bzw. deren Manager und Agenten würde keinem von ihnen auch nur ein Haar gekrümmt.

Hut ab vor Mutter Miene aus Ostfrieslands Dornum!

Harpo in »Harpo Speaks« über »Mutter Zentrifugalkraft«: »Es war Minnie, die unser Leben mit Lachen erfüllte ... Wir waren eine Familie von Schiffbrüchigen, die auf einer einsamen Insel überlebten ... Wir gegen die Elemente, und jeder einzelne von uns fand seinen Weg des Überlebens ... Minnie hielt uns zusammen, während sie unsere Rettung aushecktete ...«

Die all-american Rettung – Showbusiness. Das Wundermittel gegen jedes soziale Leid und Elend. Slums und Gettos, egal welchen Couleurs, nähren seit jeher den amerikanischen Traum, aus allem Schlamassel über Nacht herauszukommen. Entweder mit einer Kugel im Kopf, so lautet die Alternative, oder als Popstar ...

Minnie schwört auf die optimistischere Formel.

Die Tochter des ostfriesischen Bauchredners und Regenschirmmachers hat das Rüstzeug zur Magie des »Über-Nacht« im kleinen Finger.

Harpo in »Harpo Speaks«: »Sie war eine bezaubernde Frau, aber ihr hübsches, reh-sanftes Aussehen täuschte gewaltig. Minnie besaß die Kraft und Ausdauer eines Brauereipferdes, die Flinkheit eines Lachses, der den Wasserfall emporschnellt – die List und Tücke eines Fuchses und die Wildheit einer Löwin, die ihre über alles geliebte Brut bis zum letzten Blutstropfen verteidigt ...«

Eigentlich konnte gar nichts schiefgehen.

Bing Boom Bang

Eines schönen Frühlingstages begann der Countdown des Master Plans. Ein Möbelwagen hielt vor der Hausnummer 179, und die Männer schleppten ein vorsintflutliches Piano in die Wahnsinns-WG, die auch an diesem bedeutsamen Tag eher einem Schlachtfeld ähnelte.

Chico, weil er nun mal der älteste war, bekam Klavierunterricht, da mochte er sich sträuben, wie er wollte. Mit dem Schrubber in der Hand wachte Minnie an seiner Seite und kontrollierte beim Üben seine Fortschritte.

Schlau ausgedacht. Damit sich der Klavierlehrer doppelt auszahlte, hatte sie, ebenfalls mit dem drohenden Schrubber in der Hand, Chico eingehämmert, daß er jede Lektion haargenau an Harpo weiterzugeben hatte. Das konnte nicht gutgehen. Minnie war zu oft unterwegs.

Und Chico verschwand im Bruchteil einer unbeobachteten Sekunde im nächsten Spielsalon.

Hinzu kam, daß der billigste Klavierlehrer, der auszumachen war, auf Teufel komm' raus bluffte. Er konnte nur mit der rechten Hand die Melodie spielen, täuschte die linke Hand der Bässe und Akkorde kläglich vor.

Resultat – Chico stieg zum besten einhändigen Pianisten der Nachbarschaft auf. Niemand ahnte damals, daß dieses »Handi«cap das Schönste war, was ihm und einer faszinierten Fan-Gemeinde passieren konnte ...

Chicos Piano-Soli mit der Pistolenfinger-Technik zählen in jedem Brossers-Film zu den rührenden Kleinodien, die dem Zuhörer und der Zuhörerin den berühmten Kloß in den Hals und den Wärmeschauer ins Herz pfropfen. Was wie Dilettantismus anmutet, läßt einen jäh sämtliche Super-Klassik-Pianisten aller Zeiten vergessen, die das Musikerlebnis zum perfekten Computerprogramm erniedrigen. Chico holt mit der rechten Hand die Seele aus dem Kasten!

Chico mit seiner gefürchteten Rechten: ein Dilettant oder der Pianist des Jahrhunderts?

Doch seinerzeit in Yorkville kamen seine mickrigen Klimpereien wenig funny raus.

Minnies Master Plan war noch lange nicht auf Comedy eingestellt.

Die große Nummer mit dem dicksten Moos pflegten die Virtuosen auf die Bretter zu legen. Spaßige Songs und schmissige Lieder wollten die 1001 Veranstalter. Es gab kein Radio, keine Musikbox, gerade mal das Nickelodeon. Das Publikum schrie nach Musik, nach Tagesschlagern und leichten Mondscheinserenaden.

Ihre Söhne hatten sich zu prächtigen Boys entwickelt, nicht zu dummen Augusts. Kleine Valentinos. Chico war ein Mädchentyp, Harpo war ein Mädchentyp, auch Groucho gab was her. Also, ein bißchen Können, und schon würden sie aus den Zugaben nicht mehr herauskommen ...

Groucho sang einen sauberen Knabensopran in der Baptisten-Kirche an der Ecke. Mittlerweile sang er alle aktuellen Hits rauf und runter. Was ihm fehlte, war Chico oder Harpo am Piano. Und wenn sie es ihnen mit dem Schrubber reinprügeln würde, das bißchen korrekte Klavierspielen mußte doch wohl drin sein. – Es war nicht drin.

Chico klimperte in Biergärten, wo die Leute sowieso betrunken waren, aber er hielt nur wenige Nummern durch, streckte seine Waffen vor der Wettleidenschaft, rannte aufs Klo, auf dem Harpo mit ihm die Kleidung wechselte, und dann setzte Harpo seinen Auftritt fort, während sein unheilbarer Bruder die Gage in der nächsten Spielhölle verjubelte.

Es lief wahrlich nicht gut an.

Und es half auch nichts, Chicos Manko mit einem Trick zu überspielen. Sein Vaudeville-Debüt absolvierte er, Mutters Schrubber im Hinterkopf, mit seinem Vetter Lou Shean, der ganz seriös was jaulte, während ihn Chico mit verbundenen Augen auf den schwarzen und weißen Tasten begleitete. Lou gab es schnell auf. Daraufhin tastete Chico solo, unverändert mit verbundenen Augen, diesmal mit der zusätzlichen Pointe, daß er über die Tasten ein weißes Bettlaken ausbreitete und dennoch gelegentlich den richtigen Ton fand. Laut Vertrag spielte er Hörerwünsche aus den Zuschauerrängen, aber da er nur fünf Songs in seinem Repertoire hatte, präsentierte er diese fünf, egal was für Titel ihm zugebrüllt wurden ...

Minnie starb ihre ersten Tode hinter den Kulissen.

Groucho bekam sein erstes Engagement als Knabensopran in einem Gesangstrio. Vier Dollar die Woche plus Hotel und

Spesen. Mit der Eisenbahn dampfte er nach Michigan in dem Gefühl, es wie Onkel Al geschafft zu haben. Er trat auch noch in Colorado auf, doch dort verschwand der Manager mit der versprochenen Gage. Groucho mußte eine Handvoll Dreckarbeiten annehmen, um sich den Weg zurück nach New York zu erkämpfen.

Wieder daheim richtete ihn Minnie auf. Eine neue Tournee schloß sie für ihn ab. Diesmal als Gesangspartner einer englischen Schauspielerin, doch die verknallte sich in einen mit auftretenden Löwendompteur und machte sich eines Nachts mit ihm dünne, bevor sie ihrem Sopranknaben die ausstehende Gage aushändigte!

Diese ›Titanic‹-Karikatur von Traxler nimmt ausschließlich Bezug auf die zeitgenössischen Machenschaften jener Mark Brothers von Bonn am Rhein und Raus

Wieder brauchte Groucho Wochen für die Heimfahrt.

Harpos Bühnenpremiere fand im »Henderson's« auf Coney Island statt, zusammen mit Groucho, einem Freund namens Lou Levy und Gummo. Minnie blähte das Trio zum Quartett auf, weil sie vier weiße Enten-Kostüme zum Preis für drei erworben hatte. Harpo, gerade 14, machte sich im alles an den Tag bringenden Rampenlicht in die weiße Enten-Hose, und zum erstenmal gab es echte Lacher ...

Auch Zeppo, der Kleinste, mußte ran.

Minnies Bruder Harry – alias Heine, der bislang gutverdienende Toiletten-Installateur – war als Sänger, Tänzer und Instrumentalist gescheitert. Sie witterte für ihn eine Chance als Bauchredner. Da er die Magenkünste seines Vaters Levy nicht geerbt hatte, versteifte sie sich auf faulen Zauber. In die Puppe, mit der er auftreten sollte, steckte sie einfach Klein-Zeppo. Die Proben klappten einzigartig. Beim ersten Auftritt jedoch konnte Harry die hölzernen Lippen der Puppe bewegen, wie er wollte. Es kam kein Pieps heraus. Zeppo war im Lampenfieber erstarrt. Das Publikum buhte, schmiß mit harten Gegenständen. Jäh suchte die leblose Puppe das Weite, enthüllte den Betrug, und es regnete ganze Stühle ...

Die Verfechterin des Master Plans – noch lange nicht ratlos. Wenigstens Groucho enttäuschte sie nicht. Er schwebte mit seinen Ansprüchen über den Tingeldingen, schüttete Minnie sein Herz aus: »Ich werde seriöser Theaterschauspieler!« und ergatterte sogar die Rolle des jungen Helden in dem Tournee-Drama »The Man of My Choice«.

Einziger Schönheitsfehler. In dem Stück wimmelte es nur so von jungen Helden, und ihm war lediglich ein dramatischer Satz vergönnt.

Groucho später in seiner eigenen Schreibe: »Im zweiten Akt versucht der Hauptdarsteller der Blondnaiven wichtige Papiere zu stehlen, die sie im Krankenhaus in ihrem Kopfkissen versteckt hat. Ich kam mit einer Pistole auf die Bühne und schrie: ›Halt! Noch ein Schritt, und ich puste dich in tausend Fetzen!‹ Und der Vorhang fiel ...«

In allen Kostümen zu Hause, auch in der Wild-West-Kluft. Die drei Gebrüder mit Diana Lewis in ›Go West‹, 1940

Was fetzig begann, endete, wie es bei Groucho bisher immer geendet hatte.

In Chicago ging das Wandertheater pleite. Groucho stand mittellos auf der Straße, mußte jeden Handlangerjob annehmen – für die Rückfahrkarte.

Als er am Bahnhof von der Traum-WG abgeholt wurde, gestand er Mamarx seinen neuen Entschluß. Nachdem er jetzt sogar auch eine Theaterlaufbahn hinter sich hätte, wäre er für die Karriere eines Theaterdramatikers prädestiniert.

Minnie ließ sich nichts anmerken.

Ihr Master Plan schien sich in Luft aufzulösen.

Groucho sah sich als kommender Drehbuchautor. Chico als Berufsspieler. Gummo als Erfinder. Zeppo als Preisboxer. Und Harpo als Barpianist auf einem Mississippi-Raddampfer. Wie waren so viele Flausen unter einen Hut zu kriegen? Eine Gesangsgruppe mußte gegründet werden, denn erstens wurden Gagen nach Kopf bezahlt und zweitens waren Gruppen wie »Ostermanns Austern«, »Van Camps Ziegen und Schweine«, »Der singende Bauernhof«, »Die blauen Glocken von Schottland« und »Willis humpelnde Pferde« gerade mächtig in Mode. Etwas vorsichtiger geworden, begann sie klein-klein. Mit »The Three Nightingales«, rekrutiert aus Groucho, Gummo und Mabel O'Donnell, einem schielenden Mädchen mit breiten Gesäßbacken. Ihr Schielen löste Minnie im Handumdrehen, in dem sie Mabel eine Perücke überstülpte, die ihre Augen verdeckte. Zu allem Unglück sang

Die Six Mascots mit Tante Hannah (links) und Mama Minnie

Minnie's Boy mit dem Drang nach Höherem: Groucho in ›Duck Soup‹

Mabel hinreißend, jedoch fing sie in einer Tonart an und hör-
te in einer anderen, weit davon entfernten Tonart wieder auf.
Kurzerhand flog Mabel. Minnie selber übernahm ihren Part.
Da kurz danach Harpo aus seinem vierzehnten Nebenbei-
Job gefeuert wurde – er flog als Page aus dem Seville Hotel –,
verdonnerte sie ihn zur Nachtigall. Somit waren sie jetzt –
»The Four Nigthingales«.
Chico und Schwester Hannah, und sie hießen »The Six Mas-
cots«.

Die Rechnung mit der sechsfachen Gage ging auf, aber das Publikum dachte sich andere Beifallsbekundungen aus, als in die Hände zu klatschen. Groucho: »Meistens traten wir in den Pausen auf. Einmal war der Zuschauerraum voller Matrosen. Wir sangen ›How'd You Like to Be My Little Sweetheart?‹, und ein Matrose lehnte sich aus seiner Loge und spuckte Harpo eine Ladung Tabaksaft in die Augen!«

Das Schlimmste: Wo immer sie auch auftraten und im Tabaksaft duschten, hinterließen sie verbrannte Erde. Minnie entging es nicht, daß sich die Zahl der Besetzungsbüros dem Ende zuneigte.

Groucho schlug vor, es doch einmal als Komiker zu versuchen. Er und Harpo schminkten sich, zogen sich verrückte Kostüme an, und sie vereinbarten einen Termin im Coney-Island-Theatre.

Der Direktor warf einen scheelen Blick auf die beiden und sprach die historischen Worte: »Wascht euch eure dreckigen Visagen und schert euch zum Teufel!«

Noch ein Schock ereilte die Familie. Groucho, bisher kristallklar im Sound, verfiel in den Stimmbruch und überstand dieses Naturereignis mit einer Stimme, die ab sofort mit dem Attribut »brüchig« zu definieren war.

Zum erstenmal schwand Minnies Optimismus, in dem sich die Wesenszüge von Brauereipferden, Lachsen, Füchsen und Löwinnen vereinten.

In ihrer Verzweiflung bat sie Bruder Al Shean um Rat, der inzwischen zur ersten Vaudeville-Garnitur zählte.

»New York ist ein gefährliches Pflaster«, rückte Al schonungslos mit der Sprache heraus. »Zieh' mit deiner Familie nach Chicago. Im Mittleren Westen schafft es jede Truppe, glaub' es mir – selbst Nachtigallen und Maskottchen.«

Jedem anderen, der gewagt hätte, ihr mit dieser Wahrheit zu kommen, hätte sie die Handtasche um die Ohren geschlagen.

Es wurde das Jahr 1910 geschrieben, als die Alptraum-WG mit Sack und Pack nach Chicago, the Windy City, umzog.

Um die Luftveränderung allen Beteiligten – Omie Fanny war

nicht mehr, sie war vor zwei Jahren gestorben – schmackhaft zu machen, behielt sie Als Worte vorsorglich für sich und kündigte vielmehr an: »Ab sofort legen wir jede Gage auf die hohe Kante, und dann kaufen wir uns eine Farm und züchten Hühner!«

Der Umzug war die pure Strategie, dauerte monatelang. Sie zuckelten von Nest zu Nest, von Theater zu Theater, das so miserabel war, daß es rein alles engagierte, was sich gerade mal auf den Beinen halten konnte. Die Maskottchen waren ohne Konkurrenz, eine Yankeetruppe im tiefsten Süden galt als Attraktion wie die grünen Männchen vom Mars. Zur Absicherung der Umzugs-Odyssee verkauften Frenchie und Onkel Julius – ja, jener Kuckuck – vornehme New Yorker Stoffwaren in jedem Kaff.

Feuer frei in Nacogdoches!

Minnie, Frenchie, Julius, Hannah und die Kids, außer Chico, der sich »um ein Haar für immer« nach Pittsburgh abgesetzt hätte, erreichten Chicago. Bis zur eigenen Farm blieb noch Zeit. In der Tat – Engagements in Hülle und Fülle. Aber selbst die kleinen Varietés von Windy City waren irgendwann einmal durchgemarxt.

Die Verfechterin des Master Plans mit dem imaginären Schrubberstiel in den Händen kommandierte: »Vorwärts, wir müssen zurück!«

Noch einmal tiefster Süden, dann wäre das Geld für die eigene Ranch beisammen.

1912 wurde zu einem historischen Jahr. Dank eines wildgewordenen Esels. Das Jahr, als die »Six Mascotts« den Marxschen Witz entdeckten, der schlagartig alles veränderte.

Es geschah in Nacogdoches, Texas.

Groucho, du mußt das erzählen!

»Die Farmer kamen herein und banden ihre Pferde neben dem Pantages Theatre fest. Während der Vorstellung entlief ein Maultier, und das ganze Publikum rannte hinterher, um es wieder einzufangen ...«

Ein Alptraum. Das Theater – menschenleer.

»Dann kamen sie zurück. Inzwischen waren wir so wütend geworden, daß wir anfingen, sarkastische Bemerkungen zu machen. Wie etwa ›Nacogdoches is full of roaches‹ – Nacogdoches ist voller Schaben – oder ›The Jackass is the finest flower of Tex-ass‹ – Der Esel ist die schönste Zierde von ganz Tex-Arsch –. Statt wütend zu werden, lachte das Publikum ... Es war unser erster komischer Auftritt.«

Eine Bombe ging hoch.

Ein Maskottchen reagierte wenig euphorisch – Minnie! Als Tochter eines gescheiterten Bauchredners war sie auf Klamauk überaus schlecht anzusprechen. Ein paar Lacher bringen keine Hits, urteilte sie nüchtern. Ihr Master Plan zielte auf das große Geld. Und das witterte sie ausschließlich in der Unterhaltungsmusik.

Ihr Motto, das sie ihren Boys stets ans Herz legte, war knapp

Keiner groucht so schön mit durchgeladenem Zeigefinger

und klar: »Mit Songs müßt ihr euer Publikum nach Hause schicken. Wenn es im Weggehen pfeift und summt, habt ihr einen Hit gelandet!«

Nur ein Hit garantierte, in ihren Augen, Super-Engagements, Super-Gagen.

Für Minnie war Komik die Notlösung, der letzte Joker, den sie setzen würde, wenn alles andere schiefging. Erst nach ihrem Tode kam übrigens heraus, daß sie damals im Coney-Island-Theatre den Direktor gebeten hatte, ihre Jungs Groucho und Harpo kurzerhand hinauszuschmeißen, damit den beiden für alle Ewigkeit die Ulk-Flausen ausgetrieben würden.

Nun war das passiert.

Wie ein Lauffeuer sprach sich in Texarsch die Sensation herum, daß eine rotzfreche Songtruppe on the Road tourte. In Denison wurden die Six Mascots wie Stars willkommen geheißen. Der Theaterboß rückte mit einem tollen Angebot heraus. Eine Woche feste Verpflichtung mit doppelter Abendgage.

Bedingung: Die Maskottchen müßten einen komischen Sketch präsentieren. Irgend etwas aus dem Schul-Milieu, denn in Denison fände eine Lehrertagung statt.

Mrs. Miene Marx schloß einen Kompromiß. Ein Akt Quatsch, danach der zweite Akt Musik. Somit war ihr Generalstabsplan mit der Hitchance-Garantie nicht gestört.

Dann knöpfte sie sich Groucho vor. »Wolltest du nicht Theaterschreiber werden?«

Und Groucho machte sich an die Arbeit. Im Rausch einer texanischen Nacht schrieb er den Schul-Sketch »Fun in Hi Skule«, den er von einem alten Broadway-Erfolg mit dem Titel »School Days«, ohne rot zu werden, abkupferte.

Ein erster Hauch von Marx Brothers erblickte das Rampenlicht.

Groucho wurde der Herr Lehrer. Frack. Aufgeklebter Oberlippenbart. Der Knieselpriem mit dem Ellbogen-Gehabe des Society-Emporkömmlings.

Harpo wurde die knallrote Perücke aufgestülpt, die er seine ganze Karriere lang nicht mehr absetzte. Er mimte – noch mit Stimme – den Schüler Patsy Brannigan, eine zu der Zeit unbekannte Dumme-Jungen-Figur.

Gummo spielte die Rolle des ernsten, jungen, durch und durch normalen homme des femmes.

Außerdem – der Typ komische Homosexuellen-Schwuchtel, von Paul Yates dargestellt, dem Baßsänger der Mascots, Tante Hannah als aufgewecktes Mädchen und Minnie herself als doofes Kicher-Girl.

Eine kleine Dialog-Kostprobe zwischen Groucho (Teacher) und Harpo (Patsy), die andeutet, daß die Jux-Premiere in Te-

xas, durch die Eselei ausgelöst, auf Anhieb Marx-Klasse aufweist: Hier der Originalwortlaut (Nicht-Englischkönner
wenden sich bitte an das nächste US-Konsulat oder »McDo-
nald's«), wie er in »Harpo Speaks« überliefert wurde:

Teacher (whacking his slapstick – a pair of barrel staves):
Patsy Brannigan, no more shenanigans! You will stand up
and give the alphabet.
Patsy (scratching his head, thinking hard): The alphabet – the
alphabet – Gimme a start, teacher!
Teacher (glares at Patsy, nose-to-nose): All right, dumkopf
(Hey, ist ja auf deutsch!), I'll give you a start. »Ah – ah – ah –«
Patsy: Ah!
Teacher: Not »Ah« – »A!«

Löckchenbrausekopf Harpo mit 2 PS

Patsy (heading for his seat): That's the alphabet – »A.«

Teacher: That's not the alphabet. Come back here.

Patsy: There's more?

Teacher: There's more. Please continue.

Patsy: Gimme another start.

Teacher: »Buh – buh – buh –«

Patsy: »Buh?«

Teacher: »Buh.«

Patsy: »Buh?«

Teacher: »Buh.«

Patsy: »Buh?«

(During this exchange they have sunk, nose-to-nose, nearly to the floor)

Teacher: Not »Buh«, dumkopf!

Patsy: Give me a hint.

Teacher: What is it buzzes around the flowers? Bzzzzzz?

Patsy (starts waving and slapping at invisible bug)

Teacher: »Bee!«

Patsy: »Bee!« That's the alphabet – »A, B.« (heads for his seat)

Teacher: Come back here, young man. That's not the alphabet.

Patsy: There's more? Gimme a hint what comes after B.

Teacher: I'll give you a hint. What's the first thing you do when you wake up in the morning? Sssssssss –

Patsy (gives teacher a shocked, pop-eyed look)

Teacher: »C«, dumkopf! The first thing you do in the morning when you wake up is »see«.

Patsy: That's not the first thing I do in the morning.

Teacher (ends the hopeless lesson with a crack of the slapstick)

Dreißig Minuten dauerte der Sketch. Die Zuschauer rasten, und zwei der Six Mascots leckten Blut. Sehr zu Minnies Entsetzen ließen Groucho und Harpo vor, auf und hinter der Bühne ihre kleinen grauen Gehirnzellen nun nur noch um einen Lebensinhalt kreisen – Gag her, oder ich fall' um …

136

Laut Minnies Master Plan sollten die Boys Schlagerstars werden, aber sie kneteten Mutters Musikambitionen in Klamauk und Dollerei um...

Bei jeder Vorstellung schossen sie neue ausgekochte und spontane Gimmicks aus der Hüfte. Brachten sie Lacher, blieben sie drin.

Der spielerische Hang zum Absurden, der irgendwann einmal Samuel Beckett bei seinem »Warten auf Godot« infizieren wird, zuckte wie ein Blitz aus heiterem Himmel auf die Bühnenbretter von J. R.'s Vorfahren.

Was kann marxer sein als dies, was noch in Denison, Texas, zündete: Herr Lehrer forderte den »dumkopf«-Schüler Patsy-Harpo auf, gefälligst seinen Hut im Klassenzimmer abzusetzen. Patsy folgte dem Befehl, der Hut gab eine Orange frei, die auf der roten Perücke jonglierte. Er reichte sie dem Lehrer. Der bedankte sich mit einer Selbstverständlichkeit, als wüchsen nun mal Orangen unter Dummkopfhüten. Spannungspause. Dann die Überpointe: Weil der Lehrer gern noch eine zweite Orange für später hätte, die Bitte an Patsy, den Hut noch einmal auf- und wieder abzusetzen. Und es klappte ...

Oder jene Marxsche »Stichelei«: Der Teacher verliert am Ende die Nerven, brüllt: »Nun gib es doch wenigstens zu, Patsy, daß du einen Stich im Kopf hast!« Patsy schüttelt uneinsichtig den Kopf. Daraufhin zieht Gummo ein Stilett und sticht es Patsy durch den Hut. Hut klingt auf englisch wie Kopf. Prompt nickt Patsy zustimmend. Der Herr Lehrer hat recht!

Wo Groucho, Harpo und Gummo ihre Einfälle bei ihrem Triumphmarsch durch den amerikanischen Süden nur herholten?

Kein Zweifel. Dieses gewisse lachhafte Etwas hatten sie seit jeher im Gefühl, seit den fernsten Kinderjahren. Doch bis hinauf ins Twen-Alter waren sie durch Minnies Dominanz verdonnert gewesen, sich derlei Nonsens zu verkneifen. Der Bann war ab Denison, Texas, gebrochen, und heute kann man sich die Kämpfe anhand einiger unbedeutender Facts rekonstruieren, die zwischen den Jungs und ihrer Mama hinter den Kulissen entbrannten.

Nach der ersten Tournee mit »Fun in Hi Skule« warf Minnie zusammen mit ihrer älteren Schwester Hannah das Handtuch. In La Grange, Illinois, einem nordwestlichen Vorort von Chicago, erwarben sie, die Gagen machten es möglich, eine Farm. Minnie gründete eine Show-Agentur, betreute ihre Boys und auch andere Kleinkünstler. Ihr Entschluß wog schwer – nie wieder würde sie mit ihren Zöglingen auf Tour gehen.

Ein Indiz dafür, daß sie erstmalig überstimmt wurde. Ihr Master Plan hatte sich verselbständigt, lief in letzter Konsequenz nicht nach ihrem Geschmack.

Nicht daß sie schmollte oder gar nichts mehr mit ihren Jungs zu tun haben wollte, unverändert legte sie sich für sie ins

Zeug, aber die restlose Begeisterung war dahin. Sie sah in den Marx Boys die singenden Valentinos der Zukunft. Witzbolde? Das lag einige Etagen unter ihrem Ehrgeiz.

Typisch, wie Minnie reagierte, als sie ein gutes Jahrzehnt danach die festliche Kino-Premiere des Marx-Erstlings »The Cocoanuts« besuchte. Groucho wörtlich: »Ich fragte sie: ›Mom, wie war der Film?‹ Und sie antwortete: ›Es wurde viel gelacht.‹«

Vier Worte und ja nicht eines mehr.

Wie bedeutsam der couragierte Alleingang von Groucho, Harpo und Gummo einzuschätzen ist, schildert eine geschwisterliche Konsequenz.

Chico hatte der Familie eigentlich ein Adieu für immer ge-

Nach der ›Cocoanuts‹-Kinopremiere kommentierte Mamarx Minnie lapidar: ›Es wurde viel gelacht.‹

sagt. Mit Mama und den anderen Bevormundern herumzu-
reisen, paßte ihm, dem Ältesten, gar nicht. In Pittsburgh arbeitete er für den angesehenen Show-Konzern Shapiro-
Bernstein als sogenannter Song Plugger, der den Leuten auf
dem Piano die neuesten Schlager vorhämmerte. Es gab noch
nicht die Erfindung des Tonbands, da brauchte man noch
verkrachte Pianistenexistenzen, um jede Melodie den Bran-
chenleuten vorkauen zu können.

Er verdiente genug für seine Wett- und Bettleidenschaften.

Als Chico jedoch von dem neuen Kurs seiner Brüder erfuhr,
packte er verdächtig eilig seine sieben Sachen und tauchte in
Chicago auf. Als Song Plugger war er über den letzten Schrei
im Business informiert. »Die neue Welle«, verkündete er,
»heißt musikalische Revue«. Sing-Akt und Sketch-Akt, zu
einem Süppchen verrührt!

Schluß mit den zickigen Nachtigallen und Maskottchen. Erst
einmal gaben sie sich einen gewichtigen Namen – »The Four
Marx Brothers & Co.«.

Dann schrieben sie gemeinsam »Fun in Hi Skule« um in »Mr.
Green's Reception« mit einem raffinierteren Zeit-Dreh. Der
Lehrer, jetzt pensioniert und noch kauziger, schart seine er-
wachsenen Schüler beim Klassentreffen um sich. Ausgefeil-
tere Musikdarbietungen, Groucho als Zitter-Bariton, Chico
als   »Mit-dem-Zeigefinger-auf-die-Tasten-Schieß«-Pianist,
und mehr Bühneneffekte.

Während sie wieder in der tex-arschigen Provinz tingelten,
erhielt Harpo ein voluminöses Paket von Minnie – Großmut-
ters Harfe. Wie versessen klemmte er sich an das heißgelieb-
te Instrument, brachte sich autodidaktisch ein paar Griffe
und Glissandos bei und trat seitdem nie wieder ins Rampenlicht oder ins Scheinwerferlicht ohne sein zweites Harfen-
Ich ...

Chicos Entree wurde zur Überraschung des Abends. Als
Harpo seine Orange aus dem Hut zaubert, gibt er sie nicht
dem Lehrer. Mit der Hand holt er weit aus, schaut in die Runde, auf der Suche nach einem Baseball-Partner. Breitbeinig

Harpo und seine große, vielsaitige Liebe, die Harfe

stellt er sich hin wie ein Pitcher und wirft die Frucht tief in den Orchestergraben. Rechtzeitig springt der Pianist auf, fängt die Orange und schleudert sie zurück auf die Bühne. Im Nu schließen sich Groucho und Gummo diesem Spiel an. Alles, was nicht niet- und nagelfest ist, pfeffern sie auf den Klavier-

Die Streiche und Raufereien der New Yorker Straßenkinder von Nummer 176 werden bühnenreif

spieler, und der pfeffert alles zurück – Hüte, Bücher, Kreidestifte, Radiergummis, Stiletts.

Schließlich gibt sich der Mann am Klavier geschlagen, klettert auf die Bretter, die die Welt bedeuten, nimmt hinter der Schulbank Platz und reiht sich in das Ensemble ein.

Chico, der »Eyetalian«, der Slang-Juxer mit dem grünen Almtrieb-Hut, der fröhlich auf jedem Immigranten-Dialekt herumritt.

Wohlgemerkt, Harpo war noch nicht verstummt. Er hielt sogar endlose Reden der überkandidelten Akademiker-Art, die so hochgestochen waren, daß sie niemand verstand.

Die größten Lacher jedoch ernteten sie, wenn sie wie bei der Baseball-Werferei die Bühne in ein Schlachtfeld verwandelten. Fing Groucho mit seiner brüchigen Bariton-Arie an, so stürzten sich plötzlich seine drei Brüder auf ihn, knockten ihn aus, begannen mit anderen Liedern, und es blieb nur bei den Anfängen, einer schlug immer den anderen aus seinem Repertoire.

Genaugenommen taten Groucho, Harpo, Chico und Gummo genau das, was sie ihre Kindheit hindurch in der 93. Straße Ost, in der Hausnummer 179 exerziert hatten. Die wilden Bad Kids und ihre Wahnsinnsrangeleien.

In Ann Arbor, Michigan, schlugen sich »The Four Marx Brothers & Co.« zum erstenmal in die Spalten der Lokalzeitung. Der Kritiker notierte hingerissen: »Die ausgeflippten Marx Brothers mit ihrem operettenhaften Herumkaspern, mit ihren musischen Mätzchen erwiesen sich als willkommene, überaus erfrischende Abwechslung! Sie ließen ihr Publikum die sonst gemeinhin gähnende Vaudeville-Langeweile schlagartig vergessen!« Minnie daheim auf der Farm in der Chicago-Suburb horchte angesichts der Kritiken, die fortan allen Briefen beilagen, auf. Offensichtlich lagen ihre flügge gewordenen Juniors goldrichtig. Die Gagen stiegen, die Öffentlichkeit reagierte begeistert, was gab es da noch zu deuteln? Mit neuem Schwung stellte sie sich auf ihre vier Dickköpfe ein, die es nicht besser wollten.

Damit sie von ihren Höhenflügen herunterkamen, holte sie Al Shean, den Vaudeville-Profi New Yorks, auf die Ranch und bat ihn, sich die Jungs mit ihrem Comedy-Tick mal ganz kritisch zu Gemüte zu führen.

Ihre schlimmsten Befürchtungen bewahrheiteten sich. Al war – begeistert!

Aber er entdeckte auch Lücken, Fehler, Schwachstellen. Es fehlte ein großes Finale, die Charaktere waren nicht konsequent überspitzt, der große Theaterdonner mußte her.

Wie Harpo dank dem Onkel Al Shean seine Stimme verlor

Onkel Al sagte: »Die beste Methode, euren Sketch aufzumöbeln, ist – einen völlig neuen zu schreiben!«
Und er setzte sich an Frenchies Küchentisch, schrieb »Home Again«. Er übernahm viele Teile aus »Mr. Green's Reception«, alle Schul-Pointen ließ er unter den Küchentisch fallen. Mittlerweile war es 1914. Dank Minnies Bruder Al rundeten sich die einzelnen Brothers ab, aus den texanischen Zufälligkeiten zeichneten sich ihre prinzipiellen Charakterzüge ab.
Groucho verpaßte er die meisten Pointen. Chico wurde zum Dialekt sprechenden Stichwortgeber und Harpo zum Pantomimen!

Geld wie Heu liegt nur in der Provinz auf der Straße, die zum Broadway und nach Hollywood führt...

Natürlich ist es eine der unzähligen Funny Stories, daß Al Shean angeblich Harpos Dialoge vergaß und daraufhin verfügte: »Na, dann sagst du eben nix!«
Auf der Farm wurde professionell an dem aktuellen Sketch gearbeitet, nicht geschludert. Eine Kritik aus Champaign, Illinois, brachte Al auf die Jahrhundert-Idee. »Der Marx Brother, der Patsy Brannigan darstellt, ist vom Typ und Kostüm her ein Glücksfall. Seine pantomimischen Reaktionen auf seinen Mitspieler, der ihn hopsgehen läßt, sind beste Unterhaltung. Unglücklicherweise endet seine Ausstrahlung in dem Augenblick, wenn er den Mund aufmacht ...«
Dieser nette Hinweis aus dem Provinz-Feuilleton ließ Harpo

ein für allemal verstummen. Damals konnte er diese rigorose Beschneidung seiner Fähigkeiten nicht einsehen, und er drohte sogar, aus dem Familienteam auszusteigen. Onkel Al ließ nicht mit sich diskutieren.

Einer der großartigen Pantomimen dieses Planeten war geboren, Hollywoods Stummfilmstar des Tonfilms!

Eine kleine genießerische Pause sei gestattet. Die Musenwelt befindet sich seit jeher auf dem Kriegspfad gegen ihre Kritiker. Wenigstens der Fall Harpo beweist für alle Ewigkeit, daß Rezensenten keinem verbotenen, nichtsnutzigen, strikt gehässigen Gewerbe nachgehen. Einem ihrer Vertreter ist Harpo-Superstar zu verdanken.

Noch dazu einem Herren Kritiker aus Champaign, Illinois, der wahrscheinlich hauptberuflich Rinder, Hühner oder Erdnüsse züchtete.

Die Marx Brothers fanden zu ihren gloriosen Atemzügen im vielbewitzelten Texas, im Süden Amerikas, der arrivierten Showleuten gerade mal ein verächtliches Stirnrunzeln und Augenbrauenheben abquält. Die Marx Brothers fanden zu sich nicht auf dem Broadway, nicht auf der Main Street von Chicago. Im Alltag prärieverstaubter Hinterwäldler-Bühnen rekrutierten sich die Hyper-Comics, denen schon bald darauf der komplette Erdball zu Füßen liegen würde ...

Ein Naturgesetz darf nicht übersehen werden. Gerade die leicht zerbrechliche Spezies der Komiker, diese manisch empfindlichen Schmetterlingsblütler der Kunst, wurzeln, wachsen, treiben nur an windgeschützten Stellen, dem Unkraut vergleichbar, den wildwuchernden Heilkräutern ähnlich, um die sich niemand so richtig kümmert. Komödianten müssen von irgendwo herkommen, wo es den gestriegelten Ehrgeiz der Multi-Gewächshäuser noch nicht gibt. Von Lacher zu Lacher dürfen sie ihre Knospen treiben. Erst dann, wenn sie sind, werden sie mit jedem noch so unwirtlichen Klima fertig.

Komiker wie die Marx Brothers brauchen die sogenannte Provinz. Man stelle sich nur vor: eine jüdische Wandertruppe, noch dazu Yankees aus New York, am Tex-Arsch der Welt …

Ohne Provinz kein Broadway, kein Hollywood!

Da heutzutage jede Provinz an die globalen Mega-Medien angeschlossen, angekabelt ist, wird es für zukünftige Marx Brothers nur die Provinz geben, die via Satellit aus dem Weltraum niederprasselt. X-zählige Kommerz-Fernsehsender und Werbespot-Radiostationen, je dilettantischer und hinterwäldlerischer desto besser, geben dem Optimisten Grund zur Hoffnung, daß es bald wieder märchenhafte Funnies geben könnte.

Wenn jedes bundesdeutsche Krähwinkel über eine Handvoll Radio- und TV-Kanäle verfügt, darf vielleicht wieder einfach so drauf losgewuchert werden. Im Ätherwellen-Heer des schrecklichsten Durchschnitts fällt dann womöglich ein Genie auf 1001 Langweiler. Und dieses eine Genie wäre zumindest ein Stück Paradies mehr als überhaupt keine Hoffnung zu Zeiten des ARD- und ZDF-Monopolterrors!

Clowns trampeln ihre Pfade durch unscheinbare Landschaften. Clowns lassen sich nicht ruckzuck auf Rekord-Einschaltquoten dressieren. Sogar Kermit, der Frosch, fing im US-Regional-TV an, jawohl: als Wetterfrosch, bevor er sich zum »Muppet« aufblähte.

Auch für Minnie's Boys war es zum Über-Nacht noch ein bißchen hin. Immerhin hießen sie unverändert, während sie mit »Home again« Amerikas Süden unsicher machten: Leonard Marx, Adolph Arthur Marx, Julius Henry Marx, Milton Marx, Herbert Marx, genannt »The Four Marx Brothers & Company«.

Nicht mehr lange.

Im selben Jahr 1914, als etwas anderes als Witze und Gelächter mit dem Marsch um die Welt begann, lief ihnen in Rockford, Illinois, der Alleinunterhalter Art Fisher in die Arme. Er trat im selben Programm wie sie auf. Der Herr Fisher litt unter dem notorischen Zwang, allen Leuten in seinem Dunstkreis Spitznamen anzuhängen. Ein komisches Schick-

Der Tag, als sie auf Chico, Zeppo, Groucho und Harpo (von links, Szenenfoto aus ›Horse Feathers‹) getauft wurden!

sal. Als Nobody wurde er von der Vaudeville-Ära verschluckt, nichts ist von Art Fisher überliefert.
Lediglich eine immense Kleinigkeit.
Er war der Erfinder der marxistischen Vornamen!
Für Groucho mußte er sich nicht groß den Kopf zerbrechen.
Ein »Groucho« tummelte sich im seinerzeit beliebten Comic-Strip »Sherlocko the Monk«.
Julius Henry, ernst, griesgrämig ambitioniert, ein bißchen sehr geizig mit dem Gelde, das er in einem Säckchen am Hals hängen hatte, englisch: grouch ... Das saß, wie muß: Groucho!
Adolph Arthur an der Harfe: Harpo!
Leonard, Tag und Nacht auf der Jagd nach den »chicks«, den Mädchen: Chicko! So wird er ausgesprochen, obwohl sich irgendwann der Druckfehlerteufel auf ein Plakat schmuggelte und aus dem gesprochenen »Chicko« den geprinteten »Chico« machte.

Milton, der vierte Brother mit dem seriösen antikomischen Keep-Smiling, trug gern Schuhe mit Gummisohlen, die es ihm ermöglichten, lautlos durch die Kulissen zu schleichen und die Leute zu erschrecken ... Na klar: Gummo!

Harpo in »Harpo Speaks«: »Art Fisher nannte uns beim Kartenspielen so – als er dran war, die Karten auszugeben. Nach dem Spiel dachten wir, das wär's gewesen. Von wegen. Wir wurden unsere Spitznamen nicht mehr los. Wir waren Chikko, Harpo, Groucho und Gummo für den Rest der Woche, der Saison – für den Rest unseres Lebens.«

Einer fehlte, denn er war erst dreizehn. Herbert, der fünfte im Brosserbunde, hockte währenddessen brav daheim auf der Ranch in La Grange. Daß er eines Tages in Zeppo umgetauft wurde, ging nicht auf Art Fisher zurück. Als leicht ent-

Aufsichtsratssitzung im 32. Stock des Multi-Building? Nein. Nur ›A Night at the Opera‹

flammbarer Hitzkopf und Kneipenschläger bekam er seinen feurigen Nickname nach dem berühmten amerikanischen Klappbenzinfeuerzeug »Zippo«, made in Bradford, Pasadena.

Und das war Grouchos Einfall, der sich mit solch einem Ding seine image-stinkigen Zigarren anzuzünden pflegte.

Übrigens heftete sich zu diesen Tingeltangelzeiten fast jeder zweite Kleinstentertainer sein kokett-italienisches »o« hinten dran. Wo die Brüder auftraten, war mindestens ein Bingo, Zingo, Socko, Jumpo oder Bumpo mit von der Partie.

Das war der Grund, weshalb das Marx-Kleeblatt erst ein Jahrzehnt später von seinen »o«s Gebrauch machte. Erst als es den Broadway eroberte, wo die Bingos & Bumpos keine Chance hatten, verwandelten sich »The Four Marx Brothers & Co.« in Groucho Marx, Harpo Marx, Chico Marx und Gummo oder Zeppo Marx ...

Zurück in die Prärie-Provinz.

Nach der umjubelten 30-Tage-Tournee mit »Home Again« verfielen Minnie und ihre Jungs dem obligaten Höhenrausch. Alldieweil sich die Farm als Draufzahlgeschäft entpuppte (Groucho: »Nach einer Weile mußten wir Eier kaufen, damit unsere Hühner was zum Draufsitzen hatten!«), steckten sie sämtliche Einnahmen in die Eigenproduktion einer richtigen Musical Comedy (Buch: Jo Serling, Musik: Gus Kahn) mit dem Titel »The Cinderella Girl«. Denn das hatte sich schnell herausgestellt: Zu eigenen Drehbüchern würde es nie reichen. Groucho & Co. besaßen begnadete Stegreif-Talente, sie würden also immer ein Grund-Script benötigen, auf das sie ihre Witz-Eskapaden draufklatschten.

Mit Cinderella lief die Chose nicht. In dem Nirgendwo-Örtchen Battle Creek, Michigan, tanzte dieses Girl das erste und auch gleich das letzte Mal. Ein Schlag ins Wasser. Nach der Pause quälte sich Groucho an die Rampe: »Leute, der erste Akt war nicht gut. Wir spielen jetzt aus dem Stegreif weiter.« Kommando kehrt.

Die Bühnenbilder und Kostüme hatten ein Heidengeld ver-

Nicht alle Blondgirls, denen die Brossers an die Wäsche gehen, bringen ih-nen Glück: Flop mit Cinderella-Baby

schlungen. Was lag näher, als den sündteuren Plunder in einen erneuten aufwendigeren Aufguß von »Home Again« zu packen?

Siehe da – die großen Theater- und Tournee-Agenten horchten auf. Schlag auf Schlag boxten sich die Brothers nach New York durch. Zeppo ersetzte Gummo, der zum Militär einberufen worden war. Während des Ersten Weltkrieges waren gute Ensembles rar. Sie schafften Big-Apple-City, aber nicht den Broadway. Sie wurden die Stars der marktbeherrschenden Tournee-Veranstalter, und die sahen in New-York-Premieren lediglich den Auftakt für jahrelange US-Tours. Sie verkrachten sich mit dem einen Circuit-Veranstalter, wurden von dem anderen Veranstalter engagiert, und erstmalig schrieb man ihnen, als »Home Again« abgeklappert war, spezielle Shows auf den Leib.

1921 – »On The Mezzanine Floor«, Buch: Herman Timberg. Was es damals gab, das gab es nicht! Der Produzent: Benny Leonard, Boxweltmeister im Federgewicht und glühender Verehrer der Marx Brothers. Und weil Knock-out-Benny davon träumte, ein Schauspieler zu werden, investierte er seine Boxer-Knete in diese Musik-Revue, in der er zusammen mit seinen Idolen auftreten konnte!

Um die Brossers herum tummelte sich eine Schar von kessen Ballettratten, Eintänzern, Komparsen und Stunt-Männern, die bei entsprechenden Pointen k.o. auf die Bretter knallten, sich mit Siphons bespritzten oder Torten- und Schlagsahne-Opfer wurden.

Die Gags wurden grouchiger und grouchiger.

Einer ruft: »Der Müllmann ist da!« Darauf Groucho, abwinkend: »Sag' ihm, wir brauchen nichts.«

Chico wendet sich Groucho zu, der einen Ehe-Krüppel darstellt, es läuft gerade eine Party, und er sagt: »Ich würde gern Ihrer Frau auf Wiedersehen sagen ...«

Groucho, nickend: »Wer nicht?«

Grouchos Schlußsatz in den fallenden Vorhang hinein: »Das ist das letzte Mal, daß ich über den Ozean dampfe. Das nächste Mal nehme ich den Zug.«

Auch Harpo blüht zum »Ha, ha«-Harlekin der Lachorkane auf. Eine Knüllerszene wurde zu der Lieblingsszene seiner gesamten Karriere: Ein Hoteldetektiv sucht den Klauer, der sich das edle Silber im Speisesaal unter den Nagel gerissen hat. Die Beschreibung des Täters paßt auf Groucho, Chico und Harpo. Er knöpft sich die beiden ersten vor, die sich funny rausreden. Dann widmet er sich Harpo, der das ehrlichste Gesicht der Welt zieht. »Halt dich von solchen Typen fern«, rät er dem Stummen mit der Unschuldsmiene, und er schüttelt ihm bekräftigend die Hand.

Was passiert?

Ein echt silbernes Eßmesser purzelt dem ehrlichen Burschen aus dem Ärmel. Der Detektiv schüttelt energischer. Drei weitere Messer und einige Löffel fallen auf den Boden. Er

›Der Müllmann ist da!‹ Darauf Groucho: ›Sag' ihm, wir brauchen nichts!‹

schüttelt die andere Hand. Ein halbes Dutzend Eßbestecke klirren aus dem Anzug. Er schüttelt beide Hände – an die dreihundert Messer und Löffel sausen aus dem Ärmel.
Zu guter Letzt plumpst sogar noch eine silberne Kaffeekanne ins Freie!
Mit »On The Mezzanine Floor« glückte den Marx Brothers der Sprung nach England. Für den Broadway reichte es immer noch nicht.
Gewiß, sie kassierten längst ausgesprochene Star-Gagen. Seit 1919 war der komplette Marx-Clan wieder nach New York zurückgezogen, in dem Jahr, als Opie Levy starb. Groucho hatte mit 30 seine 19jährige Ruth geheiratet, Minnie und die Boys residierten bereits in einer imposanten Villa für die ganze Familie in Richmond Hill, Long Island. Sogar einen eigenen Stummfilm, »Humorisk« betitelt, hatten sie sich auf eigene Kosten realisiert – ein Flop total, der eine einzige Matinee-Vorstellung in der Bronx erlebte. Der Durchbruch in die Elite ließ unverändert auf sich warten …
Jäh wieder der Fall in den downsten Keller. Kurz vor 1923

Was Harpo alles in seinen Klamotten mit sich herumschleppt – außer Silberbesteck und Kaffeekannen auch Polizeimarken…

meldete der Shubert-Varietékonzern, bei dem sie unter Vertrag standen, Konkurs an. Mit den Konkurrenzunternehmen waren sie derart verfeindet, daß ihre Namen lediglich noch in Schwarzen Listen kursierten. Aus und vorbei mit den Topgagen, raus aus der Luxusvilla auf Long Island, back to Tex-Arsch!

Harpo in »Harpo Speaks«: »Wir schlugen uns wieder durch. Aber daß wir gerade mal nicht verhungerten, war alles. Unsere Zukunft – eine runde Null. Kein Showbusiness-Mensch von Bedeutung besuchte mehr eine Vorstellung von uns, denn wir hielten strikt geheim, wo wir spielten. Wir schämten uns zu sehr, als daß wir selbst unseren Verwandten und engsten Bekannten etwas verraten hätten!«

Minnie und ihre Goldjungs waren wieder dort angelangt, wo sie vor vierzehn Jahren angefangen hatten.

Allerdings mit einer Variante: Von Küste zu Küste hatten sie sich nicht den besten, aber immerhin einen guten Namen im Vaudeville-Biz gemacht.

Eine handfeste Chance, und sie könnten praktisch aus dem Stand von Null auf Überschallgeschwindigkeit loslegen.

Nach einigen Monaten der Demütigung winkte ihnen das Glück, wie es nur den Brothers winken konnte.

Joseph M. Gaites, ein Broadway-Produzent der Sozialhilfe-

Nach dem Up ins Down (Szenenfoto aus ›A Night in Casablanca‹): Nur noch ein Kohlenhändler kann den Wahnsinnsbrüdern helfen

Klasse, war mit der Musikkomödie »Love for Sale« von Will und Tom Johnstone gewaltig badengegangen. Außer Schulden blieben ihm die Bühnenausstattung und der Kostüm-Fundus. Mit diesen Klamotten machte er sich auf die Suche nach einem neuen Stück, nach einem neuen Ensemble und, das wichtigste, nach einem neuen Geldgeber.

Mr. Gaites fand den Mann mit Kohle, den millionenschweren Kohlenhändler James P. Beury aus Allentown, Pennsylvania, der sich gerade, auch Kohlenhändler haben Musen-Stiche, das Walnut Street Theatre in Philadelphia gekauft hatte. Die Sommer-Touristen-Saison stand vor der Tür. Verzweifelt suchte er nach einer Show.

Das Broadway-Wrack stieß auf den Kohlenhändler. Die Bühnenbilder, ja, sämtliche Kostüme wären bereits vorhanden. »Abgemacht?« fragte Mr. Gaites. »Abgemacht!« atmete Mr. Beury erleichtert auf.

Was für Leute in die Dekors stecken? Mit was für einem Stück? Der shoe-string Producer wandte sich an Will Johnstone, den Drehbuchautor des Pleitestücks »Love for Sale«, immerhin hauptberuflich Cartoonist der »New York Evening World«. Tja, und der hatte die geniale Idee; er war ein enthusiastischer Fan der Marx Brothers und traf nach der ersten Unterredung zufällig Chico, der zugab, keinen Job zu haben. Er zerrte ihn zu Mr. Gaites, und der fragte ängstlich, weil er von dem Marxschen Fiasko keine Ahnung hatte: »Wieviel?«

Chico, ebenso ängstlich, die einzige sich bietende Gelegenheit zu versauen, erwiderte: »Wir wollen keine Gage – geben Sie uns lediglich zehn Prozent von den Einnahmen.«

Groucho war entsetzt, als er von dem Agreement erfuhr. Zähneknirschend sprangen er und die anderen auf das dünne Brett des Kohlenhändlers. In der Rekordzeit von drei Wochen erstellten Groucho und Will Johnstone das Drehbuch. Ein paar Songs und die Grundidee, eine Millionärsblondine auf Thrill-Suche, wurden beibehalten. Alle Erfolgssequenzen der vorangegangenen Marx-Produktionen, insbesondere von »On The Mezzanine Floor«, retteten sich in das Script rü-

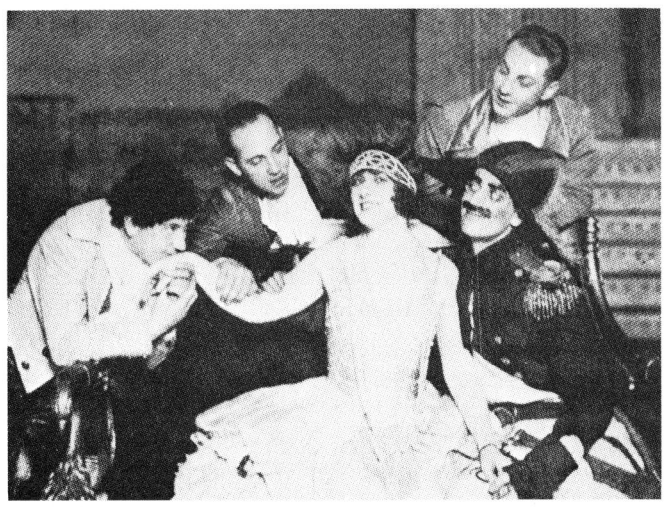

›I'll Say She Is‹ mit Lotta Miles und Groucho als Napoleon

ber, hinzu kamen einige neue Knüller, wie zum Beispiel die berühmte Napoleonszene.

Unter Erfolgsstreß standen sie glücklicherweise nicht. Natürlich war dem Kohlenhändler piepe, womit sein Walnuß-Musentempel gefüllt werden sollte.

Groucho später: »Dieser Beury war dick im Kohlengeschäft. Außerdem bumste er eins von unseren Revuegirls. Harpo auch, aber davon hatte er keine Ahnung ... Wir hatten Bühnenbilder, die von all den verschiedenen Shows in Kane's Warehouse stammten. Wir hatten kein einziges Stückchen Bühnenbild, das wirklich uns gehörte ...«

Wohlgemerkt, das ist kein Witz.

So war's.

Noch doller, wie sie den Titel für das Ragout-Quetsch-Werk ausheckten. Groucho ging mit dem Finger durch die Dialoge und suchte eine Textzeile, die er mit seinen Brüdern im Chor zu sagen hatte. Er fand eine einzige. Auf die Frage des Butlers »Ist sie nicht eine Schönheit?« antworteten alle: »I'll say she is!« (Ich würde sagen: ja!)

Also hieß es »I'll Say She Is«. Ein Anti-Titel durch und durch.

Anti wie alles.

Hals über Kopf eine Probeaufführung in Brooklyn, danach eine in dem Heimatnest des spendablen Kohlenhändlers, in Allentown, Pennsylvania. Die Zuschauer saßen auf ihren Händen, wie Harpo es formulierte.

1. Juni 1923: Premiere im Walnut Street Theatre. »Philadelphias erste alljährliche Sommerrevue« präsentierte proudly »I'll Say She Is«. Kritiker und Publikum – völlig aus dem Häuschen!

Triumph aus dem Nichts. Den ganzen Sommer hindurch bis zum Labor Day, dem ersten Montag im September, blieb die »Walnuß« aus- und nochmals ausverkauft. Chicos Zehn-Prozent-Deal verwandelte sich in pures Gold. Viertausend Dollar die Woche für Minnie's Boys. Kein Wunder, daß sich Groucho sein erstes fabrikneues Limousinchen leisten konnte ...

Wie sollte es nun weitergehen? New York riskieren, um eventuell von den gefürchteten Kritikern zerfetzt zu werden? Oder lieber erst mal die Tournee-Kuh kräftig abmelken?

Sie gingen auf Nummer Sicher, starteten ihre US-Tour in Boston. Wieder eine Überraschung, diesmal eine böse. Das Publikum saß auf den Händen! Ebenso in Toronto!

Groucho wörtlich: »Als wir nach Toronto kamen, herrschten zehn Grad minus, aber die Zuschauer zeigten vierzig Grad unter Null ...«

Das Blatt wendete sich in Chicago. Drei total ausverkaufte Monate. Comedies sind eben so eine Sache ...

Nahezu ein Jahr lang melkten die Marx Brothers ihre Kuh on the road. Bewußt wählten sie als letzte Station Boston, wo sie ziemlich entmutigt begonnen hatten. Sie wollten es genau wissen, ob sie sich in der Zwischenzeit perfektioniert und auf Broadway-Glanz poliert hätten.

158

Oho. Die Bostoner jubelten.

Alles klar für Broadway's Great White Way?

Sie mieteten das Casino Theatre in der 39. Straße. Große Hoffnungen machten sie sich nicht. Sie richteten sich darauf ein, von den Kritikern hingerichtet zu werden, vielleicht hielt »I'll Say She Is« eine Woche durch, und dann würden sie eben wieder damit durch die Prärie tingeln.

Premierentag 19. Mai 1924. Der nervöse Countdown der Hals-und-Beinbruch-Wünsche. Auch das kein Witz: Als Mamarx Minnie in ihr schönstes Abendkleid geschnürt wurde, fiel sie vom Hocker und brach sich das Bein. Und das knapp zwei Stunden vor der – toi, toi, toi! – Vollendung ihres Master

Pardon, wo geht's hier lang zum Broadway?

159

Plans. Sechzig Jahre alt war sie mit ihrem Wunschtraum geworden, daß aus ihren Kids Showstars würden.

Auf einer Tragbahre ließ sich Minnie in ihre Loge tragen. Frenchie hielt ihre Hand.

In der ersten Reihe hockte New Yorks gefürchtetster Kritiker Alexander Woollcott von der »New York Sun« ein Fettwanst der gehässigen Druckerschwärze, wenn ihm was nicht paßte. Und ihm paßte dieser verdammte Premieretermin von vornherein nicht. Sein Vertreter der zweiten Garnitur hatte ihn eigentlich wahrnehmen sollen. Woollcott war auf eine andere Premiere an diesem Abend eingestellt, aber da die in letzter Sekunde verschoben wurde, mußte er in den sauren Apfel der Vaudeville-Witzbolde wohl oder übel beißen.

Der Herr über den Broadway stand gewissermaßen unter Dampf.

Die mit dreißig leichtgeschürzten Girls aufgemotzte Show begann.

Gewiß, die Zuschauer lachten.

Doch so etwas hatte noch nie Woollcott und seine nicht minder blutrünstigen Kollegen von den anderen Blättern sonderlich beeindruckt. Am Broadway haben die Feuilletonschreiber das Sagen, sonst niemand.

Nach der Show ging jeder einzelne Marx Brother seines Weges. Grund zum Feiern gab es nicht. Die Zeitungen mit der Urteilsverkündung würden erst am nächsten Morgen erscheinen. Groucho verkrümelte sich mit seiner Gattin Ruth, Chico verkrümelte sich mit seiner Gattin Betty – daß er mittlerweile auch verheiratet und sogar Vater einer Tochter war, hatte überhaupt nichts zu besagen –, Zeppo verkrümelte sich solo und Harpo verkrümelte sich ebenso solo in das Haus auf Long Island, das seine Eltern bezogen hatten. Minnie scheute mit ihrem Beinbruch die Heimfahrt und verkrümelte sich mit Frenchie in ein Hotel.

Um acht Uhr in der Früh riß das Telefon den sanften Träumer Harpo aus dem Schlaf. Groucho war dran.

Mit Stromschlag-Timbre.

160

»Hey, Harp, wach' auf!« brüllte er. »Hast du die Rezensionen gelesen?«

»Was für Rezensionen?« fragte Harpo. »Vor morgen kommt doch ›Variety‹ nicht raus.«

»Nein, ich meine die Zeitungskritiken«, drehte Groucho noch einige hundert Volt auf. »Die ›Sun‹, die ›Times‹, die ›Trib‹, die ›World‹ – die ganz großen Kritiken!«

Harpo schluckte. »Yah? Und sie mögen uns?«

»Sie *lieben* uns. Wir sind der Hit! Hör' dir das nur an ---«

Harpo fiel seinem Bruder ins Wort, daß er lieber weiterschlafen wollte, als irgendwelchen Zeitungsartikeln zu lauschen, die ihn noch nie interessiert hatten. Er pflegte gerade mal die Sportseiten zu studieren. Wenn die Super-Kritiker ihre Show toll fanden, war das ja prima, aber doch kein Grund, ihn um acht Uhr früh aus dem Schlaf zu reißen.

So leicht ließ sich Groucho nicht abservieren. »Warte, Harp – hör' dir nur mal den Anfang in der ›Sun‹ an«, drängte er.

»Schon gut, schon gut«, gab sich Harpo geschlagen. »Fang' an – es hat schließlich deinen Telefon-Nickel gekostet.«

Und Groucho begann vorzulesen. Am anderen Ende der Leitung herrschte gebannte Stille. Bereits nach dem ersten Satz war sein Zuhörer nicht mehr in der Lage, ihn zu unterbrechen.

»Harpo Marx und ein paar Brüder. Urkomische Mätzchen brachten Bombenstimmung ins ›Casino‹. Von Alexander Woollcott«, lauteten die Schlagzeile und die Unterzeile.

Weiter: »Ich war einer unter vielen, die sich halbtotgelacht hat bei dem New Yorker Debüt einer musikalischen Show, die sich, wenn meine Erinnerung mich nicht trügt, ›I'll Say She Is‹ nennt. Es ist meine Pflicht als Ihr Berichterstatter, Ihnen kundzutun – diese Harlekinade ist die witzigste Sternstunde am Broadway seit Monaten! Sie ist das brillant farbenfrohe, tempogeladene Sprungbrett für die Talent-Eskapaden und Zwerchfell-Explosionen der Four Marx Brothers. Nebenbei gesagt, ist diese Show eine himmlische Ausrede für jeden, der in das ›Casino‹ geht, um diesen stummstillen Bruder zu erleben, diesen pfiffig verschmitzten, verblüffenden, herrlichen Komiker unter den Marxens, der irgendwo mit dem Namen Adolph in die Geburtsurkunde kam, aber jetzt für die ihm zu Füßen liegenden Theaterbesucher besser bekannt ist als Harpo Marx.

Tanzt in den Straßen, jubelt und freut euch, Leute, wenn ein begnadeter Clown in die Stadt kommt! Dieser Mann ist ein begnadeter Clown! Offiziell wird er im Programm als Mitglied der Marx-Familie angekündigt – in Wirklichkeit gehört er zu der größeren Familie der Joe Jacksons, Bert Melroses und der Fratillini Brothers. Harpo Marx, die schönen Künste im kleinen Finger, allein wenn er seine Harfe erklingen läßt, sagt kein einziges Wort vom Anfang bis zum Ende. Er braucht sich nur an seine Brüder anzulehnen, und schon springt der Funken der Heiterkeit über. Warum sollte so einer sprechen?«

Groucho verstummte.

»Ist das alles?« brauste Harpo auf. »Schreibt dieser Hurensohn keine Silbe über dich oder Chico oder Zeppo? Was bildet der sich ein – bin ich ein Alleinunterhalter? Ist er blind oder was?«

Keine Sorge, besänftigte Groucho seinen Bruder. Natürlich würden auch die anderen entsprechend gewürdigt, aber er hatte sich gedacht, daß sich Harpo am meisten für seinen Part interessieren würde.

»Möchtest du gern, daß ich's dir nochmal vorlese, alter Clown?« fragte er lauernd.

Harpo schleuderte den Hörer auf die Gabel und schlief weiter.

Um zehn Uhr klingelte es wieder.

Die Stimme in der Muschel hatte Harpo noch nie gehört. »Habe ich das Vergnügen, mit Mr. Harpo Marx zu sprechen?« fragte der Unbekannte.

Er sprach übertrieben gestelzt, und Harpo horchte mißtrauisch auf. Wäre nicht das erste Mal, daß Groucho einen Schauspielerkumpel vorschickte, um ihn auf den Arm zu nehmen.

Kritikerliebling Nr. 1: Harpo. ›Tanzt in den Straßen!‹

»Mein Name ist Woollcott«, stellte sich der Anrufer vor. »Alexander Woollcott.«
Harpo schaltete nicht. »Tut mir leid«, sagte er. »Ich glaube, wir kennen uns nicht …«

Woollcott half ihm auf die Sprünge, gelegentlich, so untertrieb er gewaltig, würde er für die »New York Sun« Kritiken verfassen, wie die von der neuen Show. Zu gern würde er ihn kennenlernen. Über einen gemeinsamen Freund hätte er die Telefonnummer erfahren.

»Wäre es Ihnen recht, wenn ich heute nach der Vorstellung bei Ihnen in die Garderobe platzen würde?« fragte er unverändert gestelzt.

»Meinetwegen – warum nicht?« entgegnete Harpo wenig erbaut.

»By the bye, Mr. Marx«, sagte Woollcott, bevor er auflegte. »Wie hat Ihnen denn mein kleiner Artikel heute morgen in der ›Sun‹ gefallen?«

»Ich glaube, es ist die lausigste Kritik, die ich je gelesen habe«, erwiderte Harpo unumwunden.

Und der Feuilletonschreiber schüttete sich aus vor Lachen, so daß Harpo den Hörer weit weg halten mußte, um sein Trommelfell zu schonen …

Dieser detaillierte Report über die Morgenstunden nach dem historischen Abend am Broadway stammt aus »Harpo Speaks« (Copyright: Freeway Press, Inc.), erstveröffentlicht anno 1961. Es ist doch manchmal aufschlußreich, durchs Schlüsselloch zu gucken und mitzuerleben, was nach einem Über-Nacht-Karrierecoup abrollt.

Die Marx Brothers haben ES – großgeschrieben – geschafft. Harpo, der Musischste der vier leichten Musen, schaffte noch etwas anderes. In der Tat schneite der von vielen gefürchtete, von wenigen geliebte Kritiker-Koloß namens Alexander Woollcott, wie am Telefon ausgemacht, in seine Künstlergarderobe. Am Abend des 20. März 1924 begann eine einmalige Männerliebe, die bis in die Mitternachtsstunde des 23. Januar 1943 währte, als Alexander Woollcott starb – vielleicht wird es mal über Harpo und ihn einen Film geben …

Woollcott, mit der zerbrechlich zarten Seele eines Zwei-Zentnermannes, das »Egocenter« des künstlerischen New Yorks, der ewig Einsame, der sein Leben zu einer einzigen

Party stilisierte und wie eine Glucke über seine Gäste wachte, die ein komplettes »Who's Who« der damaligen Kulturszene darstellten. Er führte Harpo, den unbelesenen, den ungebildeten Träumer, in die Nobel-Society der Dichter, Denker und Paradiesvögel ein. Und Harpo wurde von allen gleichermaßen geliebt. Denn Harpo schwieg, sagte nichts, hörte zu. Ganz sicher – Harpo war der einzige Zuhörer, den es jemals in den Vereinigten Staaten von Amerika, ja, der ganzen Welt gegeben hat. Er war die verkörperte Kunst, die sich selbst gehört. Er war das, was sich die anderen um ihn herum zusammenschrieben, zusammenfantasierten, komponierten, inszenierten, malten, bildhauerten.

Er rollt und rollt den Brothers auf und davon. Harpo, der Hofnarr des Musen-Jetset, der Dichter, Denker der Nobel-Society. Der einzige Zuhörer, den es in den USA auf Partys jemals gegeben hat...

Eine Männerliebe, bis daß der Tod sie schied.

Auch und gerade mit vielen hysterischen Krisen. Mit schmollendem Beleidigtsein, von Woollcott aus, mit den verspielten Göttlichkeiten der Kinder des Olymp, von Harpo aus.

Eine Episode …

Dazu muß man wissen, daß Alexander Woollcott eine eigene kleine, idyllisch verschwiegene Insel besaß, einen Flugzeugwurf von New York entfernt, auf der er sich gern mit seiner Herzensclique vor den Zeitläuften abschottete.

Zitat aus »Harpo Speaks«. Sommer 1933, Kalifornien.

»Mitte Juli hing ich mit Charlie Lederer in San Simeon herum. Es herrschte brütende Hitze. Charlie und ich lagen am Swimmingpool. Weit und breit niemand. Wir langweilten uns, wußten nichts mit uns anzufangen.

Charlie hatte eine Idee. ›Was sagst du dazu – wir hauen ab, donnern zu Aleck (Anm.: Alexander Woollcott) auf seine Insel, lassen unsere Hosen runter und jagen dem alten Schurken einen Mordsschrecken ein?‹

›Na, dann los‹, sagte ich. ›Ich habe Woollcott seit nahezu zwei Jahren nicht mehr gesehen.‹

Charlie organisierte eine Limousine, und wir fuhren zum Airport von San Francisco. Wir flogen nach New York. Es war ein schneller Flug für damalige Verhältnisse – nur drei Zwischenstationen von Küste zu Küste. In New York charterten wir ein Wasserflugzeug. Wir propellerten Richtung Norden, zum Lake Champlain. Wir mieteten uns einen Wagen mit Chauffeur, der uns nach Bomoseen brachte. Dort nahmen wir uns ein Ruderboot und setzten auf die Neshobe-Insel über. Auf der Insel schlichen wir durch die Büsche. Schließlich tönte uns das ›Tonk-Klack‹ eines Krocketspiels entgegen. Wir erkannten die Stimmen von Alice, Neysa, Beatrice und Aleck. Charlie und ich schlüpften aus unserer Kleidung. Wir jagten aus dem Gebüsch auf die Krocketspieler zu, jaulten und brüllten wie die nackten Wilden aus dem Urwald.

Aleck stützte sich auf seinen Schläger auf wie auf einen

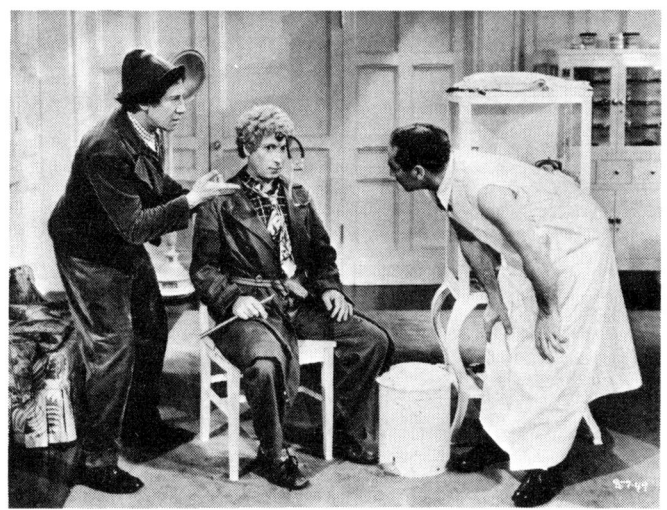

Harpos Seelenzustand privat: verrückt, verrückt, verrückt

Schießprügel. Er blinzelte zu uns rüber, ein kurzes Aufflak-
kern des Erkennens in seinen Augen. Er wandte sich ab, zum
Spiel zurückkehrend.

›Alice‹, sagte er in leicht gekränktem Tonfall, ›es ist noch immer dein Schlag, mein Liebling.‹

Charlie und ich sprangen ins Unterholz zurück, in unsere Sachen. Wir ruderten in den kleinen Hafen, kehrten zum Lake
Champlain zurück, wo das Wasserflugzeug auf uns wartete.
Wir flogen nach New York zurück, catchten die nächste Ma-
schine in den Westen. Mit Zwischenaufenthalten in Chicago,
Kansas City und Denver. Zu Hause in San Francisco wartete
die Limousine auf uns. Wir kutschierten zurück nach San Simeon, wo wir uns am Swimmingpool ausstreckten.

›Aleck sah gut aus, fandest du nicht auch?‹ fragte Charlie.

›Nie sah er besser aus‹, entgegnete ich.

›Nie‹, nickte Charlie.

Damit war das Thema erledigt, und wir zerbrachen uns nur

167

Harpo und seine Susan Fleming auf der Hochzeitsreise

noch den Kopf darüber, was, verdammt nochmal, wir bloß
mit uns jetzt anfangen könnten ...«
O-Ton Harpo Ende.
Übrigens war Harpo dort an dem Swimmingpool in San Simeon Gast keines Geringeren als William Randolph Hearst,
seines Zeichens Amerikas Printmedium-Goliath. Bel Ami
Marx, entweder Träumer oder Streichespieler, eines von beiden immer. Totaler Verweigerer des Erwachsenwerdenmüs-
sens. Obwohl – auch ihn ereilte das Schicksal, Susan Fleming
mit Namen, die ihn am 28. September 1936 in den Hochstand
der Ehe hievte. Harpo blieb er jedoch. Und wie!
(Unter uns – sein »Harpo Speaks« ist ein seliges Muß für
Marx-Freaks, leider noch nicht in deutschsprachigen Breiten. Also hinein ins nächste English-Book-Geschäft, und aus
England ranschaffen lassen, Taschenbuch bei »Coronet
Books/Hodder and Stoughton«, und einpfeifen. Dann weißt
du, was alternatives Leben IST ...)
Back to Broadway Twenty-Four.

Zwei Jahre lief »I'll Say She Is«, was ein abgebrannter Sozial-
hilfe-Produzent und ein hinterwäldlerischer Kohlenhändler
möglich gemacht hatten.
Wie das in den gehobenen Kulturzirkeln läuft. Jetzt auf einmal schwirrten die großen Könner und Macher ins Marxsche

Sogar für den Geizknochen Groucho beginnt das süße Leben

Strahlelicht, vorher, im Beigeschmack des Vaudeville, hatten sie sich gescheut, was mitzukriegen.

Zwei fette Jahre lang konnten sich Groucho, Harpo, Chico und Zeppo Zeit und Muße lassen, den nächsten Coup vorzubereiten. Sam Harris, ein erfolggewohnter Broadway-Produzent, machte das Rennen um ihre Gunst. Er verpflichtete den gestandenen Theatermann George S. Kaufman für das Drehbuch, und der wählte sich als Co-Autor den jungen Morrie Ryskind. Musik: Irving Berlin. Raus kam: »The Cocoanuts« – 8. Dezember 1925 im Lyric Theatre, eine Satire auf den Grundstücke-Boom im Rentner- und Pensionärsparadies Florida.

Sogar beim Pennyfuchser Groucho veränderte sich einiges daheim. Er ließ sich nur noch Maßanzüge von den Star-Couturiers hofschneidern. Engagierte Otto und Frieda, ein deutsches Paar, als Butler, Köchin und Kindermädchen; der Sohn Arthur zählte vier Lenze, und da Otto und Frieda kaum in das sparsame Appartement paßten, war er dann doch gezwungen, ein zweistöckiges, zehnzimmriges Luxushäuschen in Great Neck, eine Autostunde von Manhattan entfernt, zu erwerben. Die Summe in Höhe von 27.000 Dollar löhnte er in bar.

Sein Ausruf beim Einzug ist überliefert worden: »So!! Jetzt ist es ein für allemal Schluß mit den Vermietern!! Keiner kann mich jemals mehr auf die Straße setzen, weil ich kein Geld für die Miete habe!!«

Und endlich konnte er so richtig die Leute anmotzen. Vor dem Starruhm war eben vieles nicht witzig, was nun auf einmal unheimlich witzig wurde.

Erst im Status wird der Antistatus schön.

Fast jeden Sonntag lenkte er seine Protzkarosse nicht wie andere Familienväter aufs Land, sondern in den Central Park, Gattin Ruth und Sohnemann hockten sich scheu ins Gras, und Stinkstiefel Groucho, privat ohne Bart nicht identifizierbar, wienerte wie ein Staubfussel-Psychopath über das teure Blech, über den teuren Chrom, bis die Sonne unterging.

Die gute, alte Margaret Dumont stößt zu den Marxens. Sie gehört zu Groucho wie seine Zigarre und sein Schnauzer!

Eines Sonntags, so plauderte sein Sohn Arthur in seinem Erinnerungswerk »Son of Groucho« aus dem Nähkästchen, trat ein Bürger im gesetzten Alter auf den jungen Autowäscher zu, der den Eindruck eines netten jüdischen Burschen, in irgendeiner Behörde beamtet, vermittelte.

»Das ist ein hübsches Wägelchen, Mister«, räusperte sich der Fremde. »Wieviel muß man denn für so was erübrigen?«

»Sechstausendfünfhundertundvierzig.«

»Ist das nicht eine Menge Geld für einen jungen Mann wie Sie – für ein Auto?«

»Eigentlich ist es nicht meins«, bekannte Groucho. »Ich bin nur der Chauffeur. Meine gnädigen Herrschaften überlassen es mir, wenn sie Urlaub in Europa machen. Da hinten im

Gras, das ist die Chauffeursgattin«, deutete er auf Ruth. »Neben ihr, das ist mein Sohn. Jedenfalls behauptet meine Frau steif und fest, daß er mein Sohn sei!«

Das und sonntags Autowaschen – Groucho Marx, Broadways Superstar.

Die »Cocoanuts« schlugen ebenso wuchtig ein wie »I'll Say She Is«. Ein neues Gesicht gesellte sich den Brossers zu: dear old Margaret Dumont, eine Sam-Harris-Entdeckung, die die Marxens nie mehr loswurden, sooft sie es auch versuchten. Frau Dumont war mit Glatzköpfigkeit gestraft, und das machte sie zum Harpo-Opfer hinter den Kulissen. Harpo dachte sich immer neue Streiche aus, wie er ihre Perücken verschwindenlassen konnte, und Margaret, das billardkugelkahle Haupt unter Handtüchern versteckt, kam aus dem Suchen nicht heraus, als wäre jeder Tag mit den tollen Brüdern ein Ostersonntag ...

Auch bei den »Cocoanuts«, erstmals überprofessionell gescriptet, blieben Groucho, Harpo, Chico und Zeppo Abend für Abend ihrer Devise treu, daß Drehbücher für sie nicht geschrieben, sondern von ihnen grundsätzlich nicht beachtet werden. Alle ihre Dialoge purzelten, wurden durchimprovisiert, sozusagen gejamt, Stegreif über alles, nur was Riesenlacher brachte, blieb drin. Jede Vorstellung ein nächster Schritt zur Perfektion.

Die Autoren mußten damit leben.

Typisch diese Geschichte: George S. Kaufman unterhielt sich mit einem Kumpel hinter den Kulissen. Plötzlich entschuldigte sich der Drehbuchschreiber: »Augenblick mal, bitte!« Er ließ seinen Freund stehen, lauschte zur Bühne hin. Kurz darauf kehrte er zurück und sagte: »Entschuldige, daß ich kurz mal verschwinden mußte. Aber ich glaubte eben, ich hätte einen von meinen Sätzen gehört ...«

Er hatte nicht.

Die Zwerchfellinis modelten sich alles auf ihre Schnauze zurecht. Um im Bild der fliegenden Sahnetorten zu bleiben, die auch zu ihrer Comedy gehörten – jedes Script für die Marx-

Heroen war wie der dünne Boden einer Torte, auf den sie ihre Kirschen, Pflaumen, Äpfel, Himbeeren raufknallten. Das Publikum dankte es ihnen.

Wer denkt bei zuckrig süßen Crème- und Früchtetorten noch an den dünnen Tortenboden?

Doch da sein muß er. Nur Crème und Früchte ohne Boden machen nun mal keine Torte.

Die hübsche Lorayne, eine der Brox Sisters, blickte zurück ganz ohne Zorn, obwohl diese unverhofften Dauerinspirationen jedem Mitspieler schwer zusetzten: »Groucho stand darauf, wenn wir abgingen, sich uns anzuschließen. Plötzlich lachten die Leute über uns, wo es eigentlich nichts zu lachen gab. Warum? Weil Groucho hinter uns wie eine Ente herwat-

Das Marx-Trio schlaucht jeden Drehbuchschreiber. ›Ad libs‹ über alles…

›Animal Crackers‹ – Taxi für Captain Spaulding

schelte und anfing, einen Refrain zu singen. Uns machte es nie was aus. Wir hatten nie wieder solchen Spaß wie bei der Arbeit mit den Marx Brothers, vor allem mit Groucho …«

Ein Jahr trieben Minnie's Boys mit »The Cocoanuts« ihr Erfolgsunheil am Broadway, dann gingen sie damit zwei Jahre auf große US-Tour.

Broadway-Hit Nr. 3: »Animal Crackers«, erneut das Buch von George S. Kaufman und Morrie Ryskind. Music: Bert Kalmar, Lyrics: Harry Ruby. Premiere im Fourty-fourth Street Theatre am 23. Oktober 1928.

Im Mittelpunkt der wüsten Story stand Captain Spaulding (Groucho, versteht sich), ein Großkotzgroßwildjäger, der nach Monaten im tiefen Dschungel Afrikas in die Zivilisation zurückkehrt.

174

Was für ein Entree. In der Sänfte wird Captain Groucho auf die Bühne getragen. Einer der schwarzen Träger murmelt was. »Was höre ich da?« fängt Captain Marx das Nörgeln an. »Acht Dollar soll das machen – von Afrika in die 44. Straße? Das ist Betrug, du Nepper. Ich hab dir doch extra gesagt, du sollst nicht den Umweg durch den Park machen ...«
Wieder ein Marxscher Volltreffer, der die vorhergegangenen in den Schatten stellte.

Der Dollarsegen schüttete sich über Groucho, Harpo, Chico, Zeppo, Minnie und Frenchie aus.

Und der Reichtum sorgte für spezielle Alltagspointen.

Frenchie, aufgeputzt wie Beau Brummel, ließ sich vom frischengagierten Chauffeur ins nächste Gemüsegeschäft kutschieren, damit was Erlesenes in den Suppentopf kam. Über und über beladen mit Tüten und Kartons zwängte er sich in den chromblitzenden Chevrolet und dirigierte den Chauffeur zu zwei anderen Läden. Dann ging's heimwärts in die Villa auf Long Island. Dort angekommen, machte der Fahrer keine Anstalten auszusteigen. Frenchie fragte ihn, ob er was essen wollte. Nein, erwiderte der, es wäre nicht Mittagszeit. Das wenigste, was sie tun könnten, meinte Frenchie, wäre, mir zu helfen, das ganze Zeugs in die Küche zu schleppen. Widerstrebend willigte der Chauffeur ein und ging ihm zur Hand. Als er tatenlos in der Küche herumstand, forderte ihn Frenchie auf, vielleicht das Auto zu waschen, wenn er schon nicht essen wollte. »Nun hör mir mal zu, alter Junge«, sagte der Fahrer in einem unmöglichen Tonfall. »Ich habe keinen Hunger, und ich wasche mein Auto, wann mir, verdammt nochmal, danach zumute ist. Alles, was ich will, ist mein Geld.« Frenchie rief Minnie zu Hilfe. Er besaß nicht das Herz, diesen impertinenten Angestellten zu feuern. Minnie kam und klärte die Situation. Der Mann in der Küche war nämlich nicht der Chauffeur, den sie eingestellt hatte. Als Frenchie aus dem Gemüseladen kam, war er in einen falschen Chevy gestiegen, und am Lenkrad saß der falsche Chauffeur mit dem Lederkäppi.

Frenchie hatte, ohne es zu wissen, ein Taxi genommen!

Tja, das neue Leben der Marxschen Maden im Speck barg seine Tücken.

Groucho fühlte sich standesgemäß genug, seinem Familienleben die Krone aufzusetzen. Er beschloß, Mitglied in einem angesehenen Beach Club zu werden. Er checkte die exklusivsten Clubs aus, dann stellte er sich mit Ruth und Klein-Arthur, Tochter Miriam blieb in den Windeln daheim zurück, im »Sands-Point Bath & Sun Club« vor. Er füllte das Formular aus, der Livrierte an der Rezeption beriet sich mit anderen Livrierten im Büro, kam kopfschüttelnd und bedauernd zurück. Sorry, keine Mitgliedschaft für Juden.

Groucho gewann rasch seine Geistesgegenwart zurück. »Mein Sohn ist nur Halbjude«, schoß er zurück. »Würde es nicht in Ordnung gehen, wenn er bis zu den Knien ins Wasser ginge?«

Der »Lakeville Country Club« akzeptierte ihn ...

Chico hatte weniger Probleme, seine Taschen voller Geld täglich und nächtlich zu leeren. Er war von Kopf bis Fuß auf Weiber und Spielschulden eingestellt.

Harpo beschied sich mit einem billigen Appartement, denn er war schließlich im Jet-Set der Poeten und Posierer zu Hause. Er gehörte dem exklusiven »Round Table«-Musenclub im L'art-pour-l'art-Hotel Algonquin an, wo sich in Woollcotts Glanz die komplette New Yorker Gloria traf.

Life goes party ...

Und Hollywood streckte seine Fühler und Finger aus. Paramount schloß mit den Enkelsöhnen von Levy Schönberg, dem Bauchredner und Regenschirmmacher aus Dornum, Ostfriesland, Kaiser's Germany, einen Vertrag für fünf Kinofilme. Garantiesumme: eineinhalb Millionen Dollar.

Im Frühjahr 1929 fing die Dreherei an, die so schnell nicht wieder aufhören sollte.

Doch zuvor mußte Harpo noch einen schweren Schock einstecken.

Auf dem Marsch vom Theater zu einem Billard-Salon mach-

Ihr Karrieregaul ist durchs Ziel gejagt. Der Film greift nach den bösen Brüdern mit dem frechen ›o‹ hintendran

te er vor einem Woolworth-Kaufhaus halt. Sein Blick fiel auf das gerahmte kitschige Gemälde eines Engels, sein Blick konnte nicht anders, als auf diesen Engel zu fallen, denn er saß auf einer Wolke und spielte Harfe.

Harpo erstarrte.

Er guckte immer wieder hin. Der Engel auf dem Bild lehnte seine Harfe an die rechte, nicht an die linke Schulter, so wie er es sich über die Jahre selber beigebracht hatte. Niemand hatte ihn korrigiert, ihn eines Besseren belehrt. Die ganze Zeit hatte er beim Spielen die Harfe an seine falsche Schulter gehalten.

Stracks ging Harpo nach Hause, um sich entsprechend umzuschulen, pardon: umzuschultern.

In »Harpo Speaks« wendet er sich an den Warenhauskonzernherrn direkt: »Nachträglich vielen Dank, F. W. Woolworth, für den heißen Tip.«
Engel lernen nur von Engeln ...
Harpos unmögliche Schulter konnten die Filmkameras, die nun zu surren begannen, leider nicht mehr verewigen.

Diese dreizehn Marx Brothers-Filme und sonst keiner!

Hier der Service für die Videofreunde, die es keine Zeile länger aushalten, die in den Video-Verleih an der Ecke rasen wollen – vielleicht macht der gleich zu –, um sich endlich die Brossers unter den Nagel zu reißen.

Damit diese Heimkinogänger wissen, welchen oder welche Titel sie sich catchen müssen, hält sich die Prosa ein Kapitel lang zurück und gibt den knappen filmbibliophilen Facts den Vorrang.

Komiker ähneln Punching Balls – jeder von uns schlägt anders auf sie ein...

Ein bescheidener Rat. Man und frau erspare sich, in der Demut jener Kinder des Olymp, das auf- und gegeneinander Abwägen einzelner Marx-Zelluloids. Diese Art der Bekloppheit ehrt Geschäftsleute, Kritiker(innen) und Schäferhundezüchter.

Von wegen »A Night at the Opera« sei um Klassen besser als »Go West« ... Schluck! Herunter mit diesen uns oktroyierten

Ausgerechnet ›The Marx Brothers Go West‹ mochte T. S. Eliot am liebsten sehen

Durchschnittsinstinkten, die Kunstwerke auf Aktienpapiere trimmen, auf Nummer 1, Shooting Star, New Entry, auf »Aus-den-Charts-geflogen«.

Es gibt keinen schlechten oder schlechteren Marx Bros.-

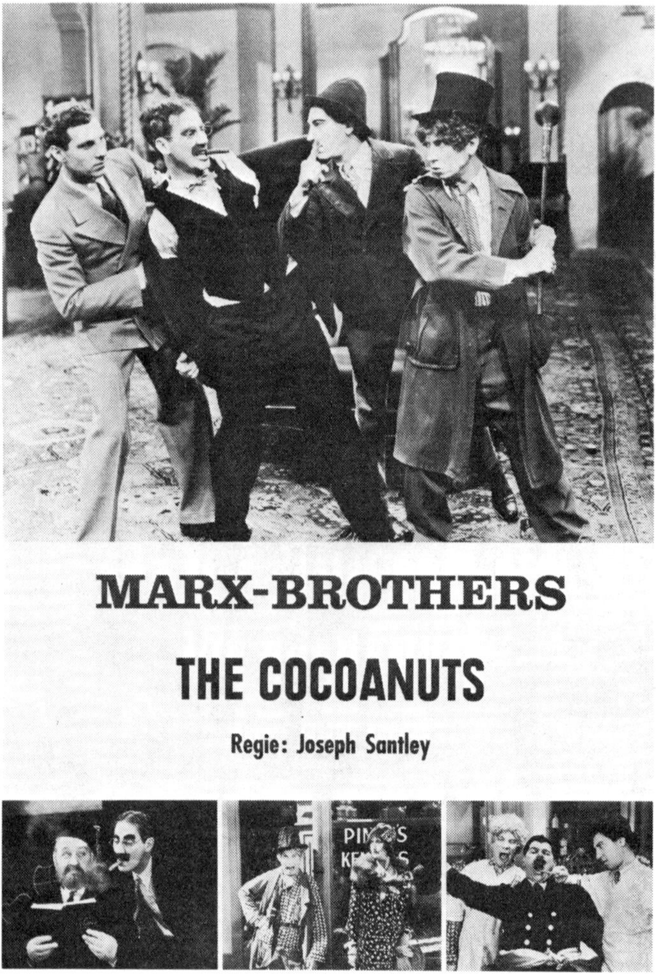

MARX-BROTHERS

THE COCOANUTS

Regie: Joseph Santley

Film. Es gibt lediglich den Zuschauer, der nicht in der besten Verfassung ist. Was ich heute blöd und albern finde, trägt mich übermorgen auf Wolke 17 ...

Komiker sind die Silhouetten menschlicher Extremitäten.

Du kannst in sie reinfühlen und reindeuteln, was du willst. Eines ganz gewiß: deine eigene schlechte oder deine eigene gute Laune. Wer frischverliebt ist, lacht anders als der, der gerade seine Scheidung durchzieht. Komiker ähneln Punching Balls, jeder von uns schlägt anders auf sie ein.

Sogar Groucho, der sich gern über seine zurückliegenden Oeuvres ausgrouchte, mußte sich belehren lassen.

Der Nobelpreisträger, Dichter, Lyriker, Dramatiker und Literaturkritiker T. S. Eliot, mit dem er jahrelang freundschaftlich korrespondierte, rieb ihm ein paar private Zeilen unter die Nase, die ihn schon ein bißchen überraschten.

»Neulich schauten wir uns (T. S. und seine Frau) in einer Wiederaufführung ›The Marx Brothers Go West‹ an, den ich noch nicht gesehen hatte. Es hat sich ungemein gelohnt …«, schrieb Eliot über den Film, den nicht nur Groucho als einen der schlechtesten einstufte.

Als sich Eliot und Groucho zum Dinner trafen, redete sich der Literat den Kopf heiß über »Animal Crackers«, »A Night at the Opera« und »Duck Soup« – er zitierte Gags und Gimmicks, die der Schnurrbart- und Zigarre-Marx längst total verdrängt und vergessen hatte, denn diese drei Filme liefen in seiner eigenen Beurteilung unter »Pleitefilme«.

Also … die Videofans können unbesorgt die Kurve kratzen. Eine Marx-Cassette ist so einmalig wie die andere Marx-Cassette. Ein Kriterium mag den Hochgenuß steigern: die chronologische Auswahl, der zeitliche Ablauf beim Dreizehn-Gänge-Menü …

Es darf serviert werden!

The Cocoanuts

1929. 96 Minuten. Paramount. Regie: Robert Florey, Joseph Santley (Groucho: »Einer der beiden verstand nicht englisch, der andere nicht Harpo.«) Drehbuch: Morrie Ryskind nach der gleichnamigen Musical Comedy von George S. Kaufman und Morrie Ryskind. Musik und Musiktexte: Irving Berlin

(Ja, jener Mr. White Christmas und Mr. Annie Get Your Gun).

Darsteller: Groucho, Harpo, Chico, Zeppo, Margaret Dumont, Mary Eaton, Oscar Shaw, Kay Francis, Cyril Ring, Basil Ruysdael und die bellhopstanzenden Gamby Hall Girls.

Kamera: George Folsey. Schnitt: Barney Rogan.

Produzenten: Adolph Zukor, Jesse L. Lasky, Monta Bell.

Gedreht in den Long Island Studios, New York.

Grouchos Super-Pointe: »Get some onions, they will make your eyes water!« Seine schönste Margaret-Dumont-Anmache: »Did anyone ever tell you that you look like the Prince of Wales? – I don't mean the present Prince of Wales; one of the old Wales, and believe me, when I say Wales, I mean Wales.

I know a whale when I see one.« Chicos Klassiker mit dem Viadukt: »Why a duck? Why-a-no-chicken?«
Kritiker Steven H. Scheuer: »Plump, aber zeigt die Marxens in ihrer absoluten Erntefrische!«

Animal Crackers

1930. 98 Minuten. Paramount. Regie: Victor Heerman. Drehbuch: Morrie Ryskind, Pierre Colling nach der Musical Comedy von George S. Kaufman, Morrie Ryskind. Songs: Bert Kalmar, Harry Ruby, Moe Jaffe, Natt Bonx, Shelton Brooks.
Starring: Groucho, Harpo, Chico, Zeppo, Margaret Dumont, Lilian Roth, Louis Sorin, Hal Thompson, Margaret Ir-

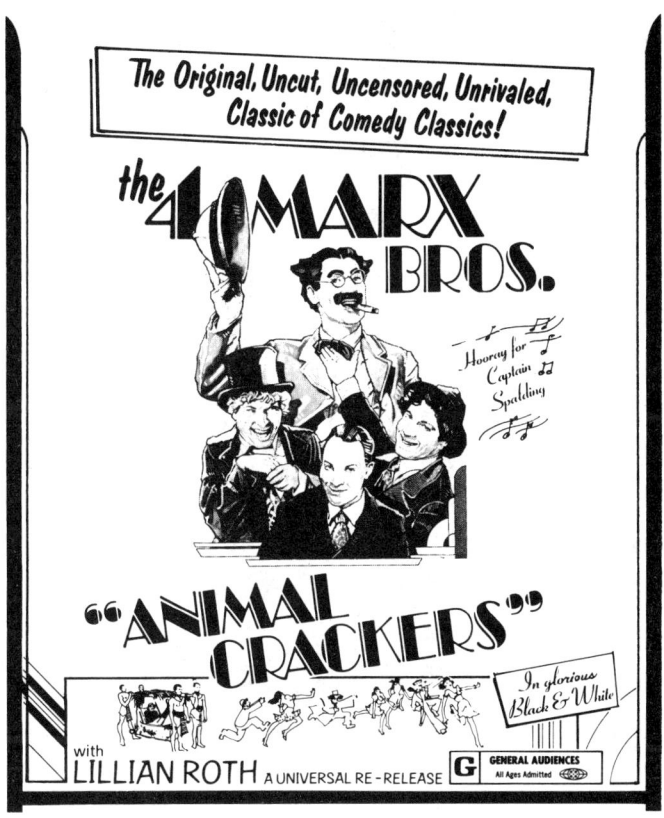

ving, Kathryn Reece, Robert Greig, Edward Metcalf. Kamera: George Folsey.

Produzent: B. P. Schulberg. Long Island Studios, N.Y.

Groucho-Pointe als Captain Spaulding, der aus der Sänfte den Träger angroucht: »Eight dollars from Africa to 44th Street? That's an outrage. I told you not to go through the park.« Harpo kommt im langen Umhang zum Dinner, den ihm der Butler abnimmt – er trägt darunter nur eine Badehose. (Bei einer Theatervorstellung trug er einmal selbst diese nicht – Harpos erster und letzter öffentlicher Totalstrip.)

Kritiker Steven H. Scheuer: »Allein das muß man gesehen haben – Groucho mit seinem Imponierstolziere in seiner Nummer ›Hooray for Captain Spaulding‹. Das Drehbuch – bekloppt ...«

Monkey Business

1931. 77 Minuten. Paramount. Regie: Norman McLeod. Buch: S. J. Perelman, Will B. Johnstone (der Co-Autor von »I'll Say She Is« und Cartoonist der »New York Evening World«). Spezielle Dialoge: Arthur Sheekman. Songs: Chico Marx (oho! Muß der Spielschulden gehabt haben!), Sol Volinsky, Irving Kahal, Pierre Norman, Sammy Fain, Leo Robin, Richard Whiting, Edward Heyman, Dana Suess.

Cast: Groucho, Harpo, Chico, Zeppo, Rockcliffe Fellowes,
Harry Woods, Thelma Todd, Ruth Hall, Tom Kennedy.
Kamera: Arthur L. Todd.
Produzent: B. B. Schulberg. Gedreht in Hollywood.

Oben: Groucho und Thelma Todd, Wow-Blondchen mit tragischem Ausgang
Rechts oben: Polizeifoto von Thelma Todds Tod in der Garage

Die vier Zwerchfellinis sind blinde Passagiere auf einem Oze-an-Liner, rutschen in rivalisierende Gangsterbanden rein, Groucho und Zeppo in die eine, Chico und Harpo in die andere, werden in Kidnappingfall verwickelt.

Chico spielt sich chicodumm auf, behauptet, daß sein Vater ein Partner von Columbus gewesen wäre. Darauf Groucho: »Columbus ist tot seit vierhundert Jahren.« Chico: »Verstehst du? Genau das hat meine Mutter immer über meinen Vater gesagt!« Harpos Hyper-Szene vor der »MEN«-Toilette, die in Wirklichkeit hinter seinem Rücken eine »WO-MEN«-Toilette ist.

Thelma Todd, Grouchos Wow-Blondchen, wird Jahre später in Hollywood das Opfer eines grauenhaften Mordes, der niemals aufgeklärt wurde. Todds Tod taucht wie eine makabre

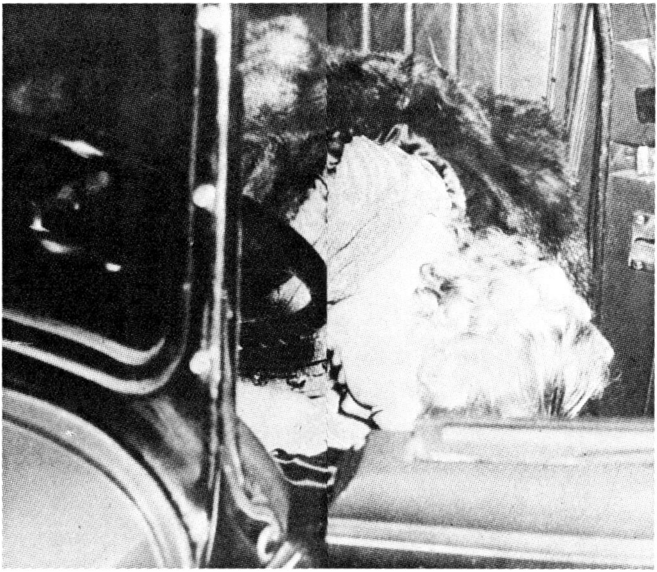

THE
FOUR
MARX
BROTHERS
HORSE
FEATHERS
A Paramount Picture

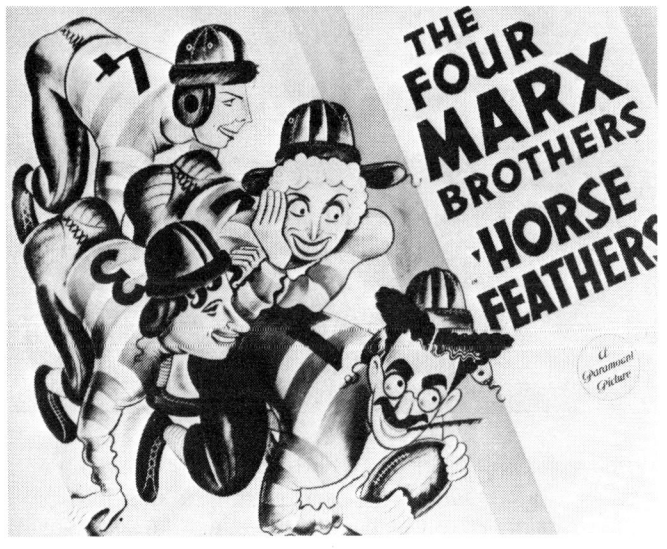

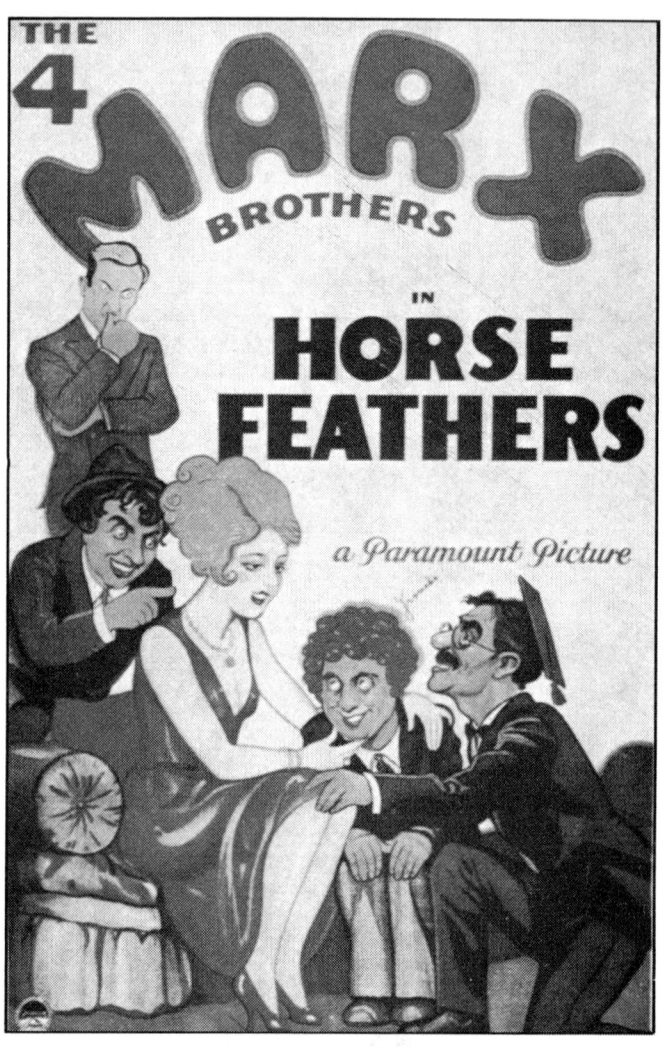

Prophezeiung in einer ihrer Flirt-Szenen mit Groucho auf:
»You are a woman who's been getting nothing but dirty
breaks (mault er, weil sie ihn nicht ranläßt – zugleich bedeu-

ten breaks phonetisch brakes, also Autobremsen, und so geht die Pointe weiter:) Well, we can clean and tighten your brakes, but YOU'LL HAVE TO STAY IN THE GARAGE ALL NIGHT ...« Am 15. Dezember 1935 sperrte ihr Mörder sie in ihrer Garage ein, nachdem er sie ohnmächtig geschlagen hatte, und sie wurde von den Auspuffgasen des laufenden Motors vegiftet ...

Kritiker Steven H. Scheuer: »Ein bißchen sehr durcheinander. Erste Ansätze des Surrealismus (besonders in Harpos Glanzstücken), der dann in ›Duck Soup‹ voll aufblühte.«

Horse Feathers

1932. 80 Minuten. Paramount. Regie: Norman McLeod. Buch: Bert Kalmar, Harry Ruby, S. J. Perelman, Will B. Johnstone. Songs: Bert Kalmar, Harry Ruby.

Thelma Todds zweiter und letzter Groucho-Clinch

Cast: Groucho, Harpo, Chico, Zeppo, Thelma Todd (ja, jene unselige), David Landau, Florine McKinney, Guinn William, Josep Saurers, Reginald Barlow (der zweite Film ohne Margaret Dumont), James Pierce, Nat Pendleton, Robert Greig, Ben Taggart.

Kamera: Ray June.

Produzent: B. P. Schulberg. Hollywood.

Hiermit startet die Marxsche Satire der Depressionsära. Durch den Kakao: College & (V-)Erziehung, Prostitution und Prohibition. »Egal um was es geht«, verkündet Groucho (Typ Professor Unrat), als er zum Uni-Präsidenten gekürt wird, »– ich bin dagegen!«

Unvergeßlich: Kennwort »Swordfish« (Schwertfisch). Chico ist die Tür-Kontrolle der heimlichen Suffkneipe. Groucho, der rein will, muß das Kennwort erraten. Chico: »Sie dürfen hier nicht rein, bevor Sie nicht ›Schwertfisch‹ sagen ...« Hyper-Harpo mit dem Penner, der ihn anhaut: »Hey Kumpel, kannst du mir nicht helfen? Ich bräuchte jetzt 'ne Tasse Kaffee.« Schwupp, holt Harpo die dampfende Tasse aus seinem Mülldeponie-Fummel! Zweiter und letzter Film mit Thelma Todd.

Kritiker Steven H. Scheuer: »Gets good marx.« Wortspiel mit »marks« – Punkte, Zensuren, Treffer.

Duck Soup

1933. 68 Minuten. Paramount. Regie: Leo McCarey. Buch und Songs: Bert Kalmar, Harry Ruby, Arthur Johnstone. Zusätzliche Dialoge: Arthur Sheekman, Nat Perrin.

Cast: Groucho, Harpo, Chico, Zeppo, Margaret Dumont (endlich wieder da!), Raquel Torres, Louis Calhern, Verna Hillie, Leonid Kinsky, Edmund Breese, Edwin Maxwell.
Kamera: Harry Sharp. Schnitt: LeRoy Stone. Bauten: Hans Dreier, W. B. Ihnen.
Produzent: B. P. (keine Benzinwerbung!) Schulberg. Hollywood.
Pünktlich zu Adolfs Machtergreifung werden auch Minnie's Marxisten totalitär auf ihre Art: Im Staat Freedonia (Land of the Spree and the Home of the Knave) kommt Rufus T. Firefly (Groucho) an die Macht. Chico und Harpo sind feindliche Spione, Zeppo ist ein Trottel-Tenor. »Der Kriegsfilm«, wie Groucho ihn immer nannte.

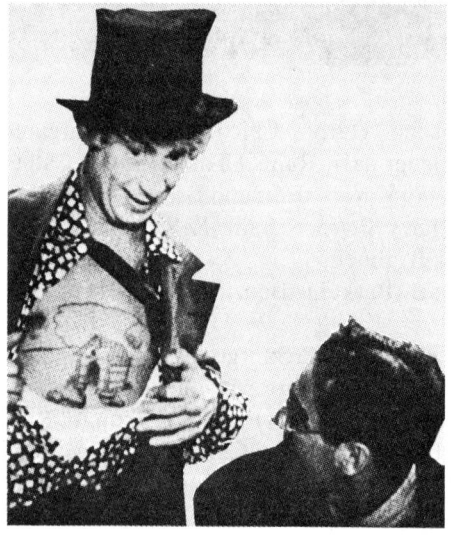

Groucho darf wieder gehörig auf Margaret Dumont raufbret-
tern. Er: »Wo ist Ihr Ehemann?« Sie: Warum, er's tot.« –
»Ich wette, er benutzt das als Ausrede.« – »Ich war bei ihm
bis zu seinem Ende.« – »Aha! Kein Wunder, daß er starb.« –

»Ich hielt ihn in meinen Armen und küßte ihn.« – »Verstehe.
Dann war es Mord. Wollen Sie mich heiraten? Hat er Ihnen
Geld hinterlassen? Beantworten Sie die zweite Frage zu-
erst.« – »Er vermachte mir sein gesamtes Vermögen.« – »Tat-

sächlich? Verstehen Sie jetzt, was ich Ihnen die ganze Zeit sagen möchte? Ich liebe Sie!«

Hyper-Harpo reißt sich die Pünktchen-Bluse auf. Seine Brust zeigt ein Gemälde. Groucho guckt und sagt: »Ich steh' nicht sonderlich auf moderne Kunst. Hätten Sie nicht was von einem der alten Meister?«

Kritiker Steven H. Scheuer: »Der unsterblichste Wahnsinn der Marx Brothers! Regisseur Leo McCarey verknüpft gekonnt komisch Wortspiele mit optischen Gags.«

A Night at the Opera

1935. 90 Minuten. MGM. Regie: Sam Wood (der achtzig Filme in seinem Leben verbrochen hat, Ex-Assistent von Cecil B. DeMille, machte Thornton Wilders »Our Town«, ein Os-

Grouchos und Chicos legendäre Vertrag-Mache-Szene

car-Ding mit Ginger Rogers, vier Gary Cooper-Streifen, Hemingways »Wem die Stunde schlägt« ...). Buch: George S. Kaufman, Morrie Ryskind nach einer Story von James Kevin McGuinness. Zusätzliche Bearbeitung: Al Boasberg. Musik: Herbert Stothart. Songs: Nacio Herb Brown, Arthur Freed, Bronislav Kaper, Walter Jurmann, Ned Washington. Choreographie: Chester Hale. Bauten: Cedric Gibbons. Kamera: Merritt B. Gerstad. Schnitt: William Le Vanway. Darsteller: Groucho, Harpo, Chico, Allan Jones (Jawohl,

DIE MARX BROTHERS

GROUCHO, CHICO UND HARPO in

Das grosse Rennen

(A Day at the Races)

MIT ALLAN JONES,
MAUREEN O'SULLIVAN,
MARGARET DUMONT,
SIEGFRIED RUMANN

Regie und Produktion
SAM WOOD

Buch: GEORGE SEATON,
ROBERT PIROSH,
GEORGE OPPENHEIMER

Eine Marx Produktion
FILMVERLAG
DER AUTOREN

Zeppo ist gegangen worden! Ab sofort sind die drei solo!),
Margaret Dumont, Siegfried Rumann, Edward Keane, Kitty
Carlisle, Robert Emmet O'Connor, Walter Woolf King, Bil-
ly Gilbert.

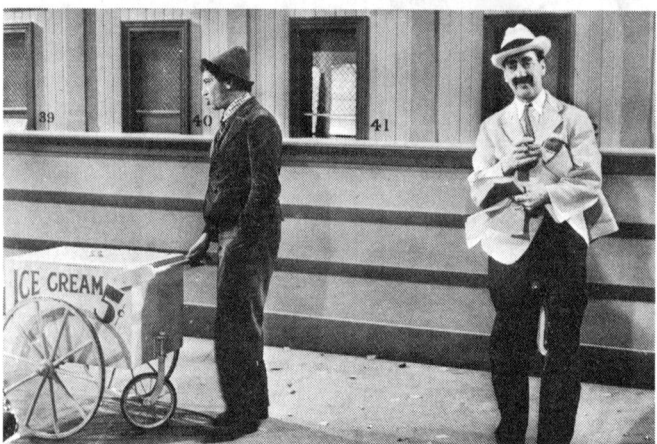

Chico & Groucho at their best in der gloriosen Pferdewette-Szene

Produzent: Irving Thalberg. Gedreht in den MGM-Studios, Culver City.

Neue Firma, neue Etat-Wucht, Starproduzent Irving Thalberg motzt die Boys auf Hollywoodsche Tränendrüse, damit die Kasse stimmt, auf Love ... Die Marxens verkraften auch das. Der Film besteht praktisch nur aus berühmten Szenen. Wie die überüberfüllte Schiffskabine! Harpo an der Harfe, Chico mit Pistolenfinger am Klavier. Jedermenschs Lieblingsfilm u. a. ...

Kritiker Steven H. Scheuer: »The Marx Brothers' funniest film, except for ›Duck Soup‹!«

A Day at the Races

1937. 111 Minuten. MGM. Regie: Sam Wood. Buch: Robert Pirosh, George Seaton, George Oppenheimer nach einer Story von Robert Pirosh und George Seaton. Musik: Bronislav Kaper, Walter Jurmann. Songs: Gus Kahn. Bauten: Cedric Gibbons.

Kamera: Joseph Ruttenberg. Schnitt: Frank E. Hull.

Darsteller: Groucho, Harpo, Chico, Allan Jones, Margaret Dumont, Maureen O'Sullivan, Leonard Ceeley, Douglas Dumbrille, Esther Muir, Siegfried Rumann, Robert Middlemass, der Crinoline-Chor.

Produzent: Irving Thalberg. MGM-Studios, Culver City.

Rennmilieu und Klapsmühle. Auch dieser: jedermenschs Lieblingsfilm u. a. ... Praktisch nur berühmte Szenen. Pferdearzt Groucho gibt einem kranken Gaul eine Pille und sagt: »Nehmen Sie eine davon jede halbe Meile ein, und rufen Sie mich an, wenn Ihr Zustand sich ändert!« Grouchos Margaret-Dumont-Anmache: Als ihr Arzt weist er sie an, ihre Arme wie Flügel zu bewegen. Sie fragte, wie lange sie das tun soll. Er: »Bis Sie davonfliegen!«

Kritiker Steven H. Scheuer: »Beginn des Marxschen Abstiegs. Meist sehr gut, wenn Groucho von der Kette gelassen wird, und meist sehr schlecht, wenn etwas in die Länge gezogen wird, und man verzweifelt nach einem Cutter betet!« Einfach ignorieren, was da der Mr. Scheuer meint!

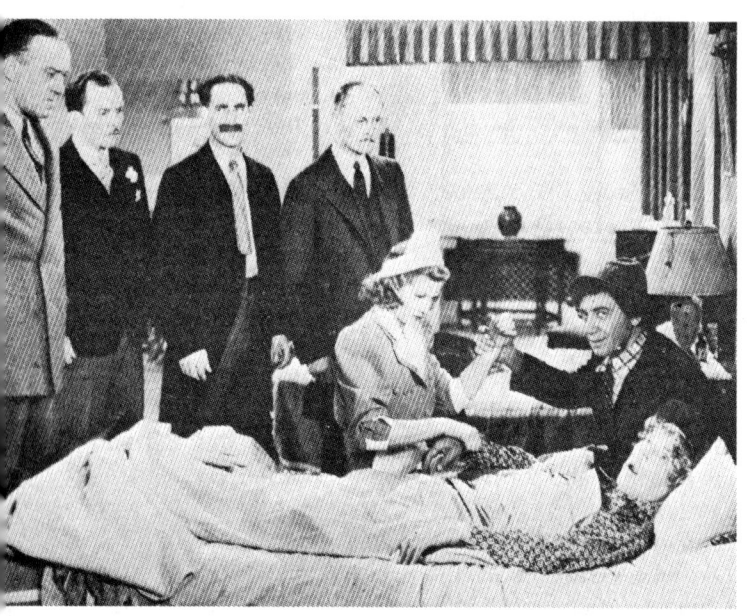

*Der scheinkranke Harpo muß ›Aaaah‹ sagen. Wie löst er das Problem?
Wird nicht verraten*

Room Service

1938. 78 Minuten. RKO. Regie: William A. Seiter. Buch:
Morrie Ryskind nach dem Play von John Murray und Allan
Boretz. Kamera: J. Roy Hunt. Schnitt: George Crone. Bau-
ten: Van Nest Polglase.
Darsteller: Groucho, Chico, Harpo, Donald McBride, Lucil-
le Ball (jene Hoppla-Lucy), Ann Miller, Frank Albertson,
Cliff Dunstan, Philip Loeb, Philip Wood, Alexander Asro,
Charles Halton.
Pleiteproduzent mit seinen Süßen bunkert sich ein, um nicht
aus der Hotel-Suite zu fliegen.
Kritiker Steven H. Scheuer: »Amüsant, aber nicht der beste
Film der Marx Brothers.«

206

At the Circus

1939. 87 Minuten. MGM. Regie: Edward Buzzell. Buch: Irving Brecher. Musik: Harold Arlen. Songs: E. Y. Harburg. Choreographie: Bobby Connolly. Bauten: Cedric Gibbons. Kamera: Leonard M. Smith. Schnitt: William H. Terhune. Darsteller: Groucho, Harpo, Chico, Margaret Dumont, Kenny Baker, Florence Rice, Eve Arden, Nat Pendleton, Fritz Feld, James Burke, Jerry Marenghi, Cus Hallow, Barnett Parker.
Produzent: Mervyn Le Roy. MGM-Studios, Culver-City.
Der Titel erzählt die ganze Story. Anarchie in der Arena ohne Netz und doppelten Boden. Loophole (Groucho) zu Antonio (Chico): »Ich wette, dein Vater hat das erste Jahr deines Lebens damit zugebracht, den Klapperstorch zu steini-

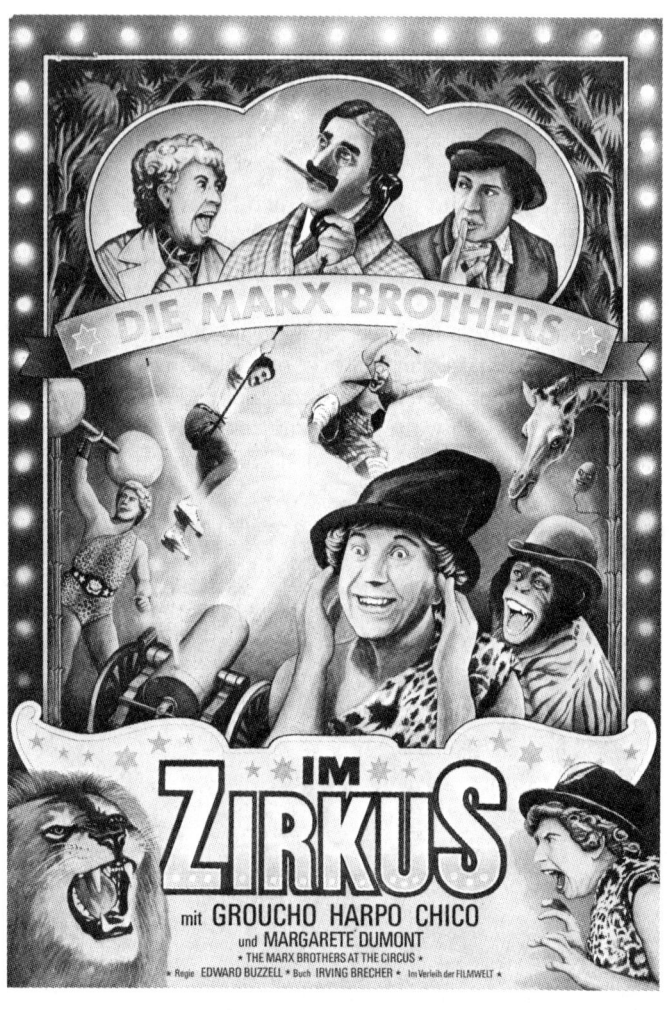

gen …« (Grouchos Margaret-Dumont-Anmache: »Hast du
unsere Juni-Nächte an der Riviera vergessen, wo wir unter
dem funkelnden Sternenhimmel saßen! Das Mondlicht bade-
te im Mittelmeer! Wir waren jung, fröhlich, unbekümmert!

In der Nacht trank ich Champagner aus deinem Slipper –
zwei Liter! Es wäre mehr reingegangen, wenn du nicht Einlegesohlen getragen hättest! Oh, Hildegard!« Darauf sie:
»Mein Name ist Suzanna!«
Kritiker Steven H. Scheuer: »Mit den Marx Brothers geht es
eindeutig bergab.« – Auch im Tal ist's schön.

Go West

1940. 81 Minuten. MGM. Regie: Edward Buzzell. Buch: Irving Brecher. Musik: Gus Kahn, Roger Edens, Bronislav Kaper, Charles Wakefield Cadman. Kamera: Leonard Smith. Schnitt: Blanche Sewell. Bauten: Cedric Gibbons.

Eselei mit Harpo von ›i‹ bis ›a‹

Das setzt der Schönen die Krone ab!

Starring: Groucho, Harpo, Chico, John Carroll, Diana Lewis, Walter Woolf King, Robert Barrat, June McCloy, George Lessey.
Produzent: Jack Cummings. MGM-Studios.
Wildwest-Parodie. Demontage eines rasenden D-Zugs. Trotz Cowboys und Indianersquaws hinterläßt Margaret Du-

mont eine klaffende Lücke. Grouchos Geizhals-Coup: Die Hotelpagen lauern auf ein Trinkgeld. Er: »Kann jemand von euch, Jungs, auf zehn Cents rausgeben?« Antwort: »Nein, Sir.« Er: »Nun, dann behaltet das Gepäck!« In Ermangelung der Dumont macht Groucho eine Spätblondine an: »Warum läßt du mich nicht einfach gehen? Uns bleibt ja die Erinnerung, und eines Tages wird der Schmerz vergehen, meine Süße. Zeit wundet alle Heilen. Übrigens – da hinten an dem Tisch sitzt ein Besoffener, der genauso wie du aussieht – und einer, der genauso aussieht wie ich. Albern, was? Er ist so mit Alkohol voll – wenn du ihm einen brennenden Docht in den Mund steckst, brennt der drei Tage lang.«

Kritiker Steven H. Scheuer: »Ein Haufen der schwächsten Marx-Bros.-Gags. Irgendwie sehr desinteressiert, es sei denn sie wollten mal die Grenzen der Publikumsgeduld testen ...« Na, na!

The Big Store

1941. 80 Minuten. MGM. Regie: Charles Reisner. (Letzter der fünf MGM-Filme. Offensichtlich hält keine Firma mehr aus. Auch bei Paramount waren es fünf.) Buch: Sid Kuller, Hal Fimberg, Ray Golden nach einer Story von Nat Perrin. Musik und Songs: Hal Borne, Sid Kuller, Ray Golden, Artie Shaw, Ben Oakland, Milton Drake. Kamera: Charles Lawton. Schnitt: Conrad A. Nerving. Bauten: Cedric Gibbons. Produzent: Louis K. Sidney. MGM-Studios.
Cast: Groucho, Harpo, Chico, Margaret Dumont (wird auch Zeit!), Tony Martin, Virginia Grey, Douglass Dumbrille, William Tannen, Marion Martin, Virginia O'Brien, Henry Armetta, Anna Demetrio.
Ein Kaufhaus steht kopf. Groucho als Detektiv. Hyper-Harpo in der berühmten Rollschuhszene. Grouchos Kleinbürger-Attacke: In der Bettenabteilung schlummert er. Ein älteres Ehepaar weckt ihn. Sie: »Entschuldigen Sie, Mister! Können Sie mir den Preis dieses Bettes sagen?« Groucho, der in

DIE MARX·BROTHERS IM KAUFHAUS

GROUCHO, HARPO und CHICO MARX

MARGARET DUMONT · TONY MARTIN · VIRGINIA GREY

Produktion: LOUIS K. SIDNEY · Regie: CHARLES REISNER · Drehbuch: SID KULLER · HAL FIMBERG und RAY GOLDEN

nach einer Story von NAT PERRIN · EIN MGM-FILM im Verleih der CiC

eben jenem liegt: »Achttausend Dollar!« Sie: »Ein Wucher
ist das! Überall in der Stadt kann ich das für 25 Dollar kriegen.« Groucho: »Ja, aber nicht mit mir drin.« Der Ehemann:
»Sir! Wie können Sie es wagen, so zu meiner Frau zu sprechen?« Groucho: »Wie ich es wagen kann, so mit Ihrer Frau

zu reden? Haben wir uns je zuvor getroffen?« Sie: »Nein!«
Groucho: »Warum erlauben Sie dann Ihrer Frau, sich hier
herumzutreiben und fremde Männer aufzuwecken?« Sie:
»Oh, komm, Henry, bevor du deine Beherrschung verlierst.«
Groucho kopfschüttelnd: »Ich wette, er kocht für sie …«
Grouchos Margaret-Dumont-Anmache: Sie sind mal wieder
beim Thema Heiraten. Sie: »Wenn wir verheiratet sein werden – nach einer Weile wird ein hübsches junges Mädchen
auftauchen und du – du wirst mich vergessen.«
Groucho: »Sei nicht albern. Ich werde dir zweimal die Woche
schreiben!«
Steven H. Scheuer: »Es fängt wie in guter alter Bestform an,
und die Verfolgungsjagd am Schluß ist gar nicht so übel …«

GROUCHO, CHICO
UND HARPO MARX

DIE MARX-BROTHERS
IM KAUFHAUS

Ein MGM-Film im Verleih der CIC

Groucho als Kaufhaus-Colombo

A Night in Casablanca

1946. 84 Minuten. United Artists. Regie: Archie Mayo. Buch: Joseph Fields, Roland Kibbee. Zusätzliche Textbeiträge: Frank Tashlin. Musik: Werner Janssen. Songs: Ted Snyder, Bert Kalmar, Harry Ruby. Kamera: James Van Tees. Schnitt: Gregg G. Tallas. Bauten: Duncan Cramer. Produzent: David L. Loew.
Wer Bogies und Bergmans »Casablanca« kennt, muß die Brossers-Version kennen. (Wer dieses Marx-Buch hier halb-

wegs mag, sollte auch mal in das »Casablanca«-Buch desselben Autors in derselben Heyne Filmbibliothek-Reihe reinlooken – Bestell-Nummer 32/62)

Ach so, die Darsteller: Groucho, Harpo, Chico, Charles

Die Marx Brothers

Groucho
Chico
Harpo

EINE NACHT IN CASABLANCA

FILMV
DERLA

Drake, Lois Collier, Sig Ruman, Lisette Verea, Dan Sey-
mour, Lewis Russell, Harro Mellor, Frederick Gierman.
Kritiker Steven H. Scheuer: »Nichts für Marx-Brothers-An-
fänger, nur für total Hörige!«

Love Happy

1949. 91 Minuten. United Artists. Regie: David Miller.
Buch: Frank Tashlin, Mac Benoff nach einer Idee von Harpo
(oho?). Musik: Paul Smith. Bauten: Gabriel Scogamillo. Kamera: William C. Mellor. Schnitt: Basil Wrangell.

Produzent: Lester Cowan.
Cast: Groucho, Harpo, Chico, Vera-Ellen, Ilona Massey, Marion Hutton, Raymond Burr (ja, der »Chef im Rollstuhl«), Melville Cooper, Paul Valentine, Etic Blore, Bruce Gordon und: Marilyn Monroe (Woopie!).

Was für ein Adieu! Minnie's Boys gehen, und Marilyn Monroe kommt! Das muß erst mal einer nachmachen! Der Dreizehnte und Letzte von Groucho, Harpo und Chico …
Kritiker Steven H. Scheuer, völlig unbeeindruckt: »Der Marxsche Wahnsinn verliert etwas von seiner Magie in diesem verkrampften Spaß, der eine Farce ist.« – Ach was.

Diese dreizehn Marx-Filme und sonst keiner.

Wie es sich für Juck- und Kratzpulver-Anarchos gehört – tot-
gearbeitet haben sich Groucho, Harpo und Chico wirklich
nicht. Dreizehn Filme in zwanzig Jahren, das ist für den Aus-
spuck-Vesuv Hollywood ein Klacks.

Der Mann mit der starken Kralle hinter Harpo: Raymond Burr noch ohne Rollstuhl

Karlchen Chaplins Kurz- und Langfilme überschreiten die Hundertfuffzig.

Stan Laurel & Oliver Hardy: 77 Kurzfilme, 28 normallange Kinofilme (ihr letzter 1951).

Harold Lloyd klebte an den Hausfassaden in 164 Shorties und 22 Longies.

Buster Keaton verzog keine Miene in über 70 Streifen.

Jerry Grimassen-Lewis: 17 mit Dean Whisky-Martin. 26 solo.

Red Skelton: 40.

Bob Hope: 65.

Selbst Abbott & Costello: 36.

Double You See (W. C.) Fields, das Schnapsfaß auf zwei Beinen, das in seiner Freizeit gern mit dem Gewehr auf die Fans vor seinem Gartenzaun schoß und mit provokanter Ironie an einem Heiligabend starb, hielt sich in 41 Filmen wakker aufrecht.

Danny Kaye: 21 Streifen.

Gewiß ein Kompliment für die drei bösen Brüder mit dem kleinen »o« hintendran, daß sie nicht am surrenden Fließband gerackert haben.

Es drängt sich der Verdacht auf, daß Groucho, Harpo und Chico wohl doch mehr gelebt, als gefilmt haben. Lässig aus dem Ärmel geschüttelt haben sie ihre musischchaotischen Leinwand-Schlachten ganz offensichtlich nicht.

Vielleicht haben sie in der Höhle des MGM-Löwen sogar schwer dahingelitten?

Behagte ihnen womöglich das hyperperfekte Medium Film gar nicht?

Nach Vaudeville und Broadway – Hollywood ...

Wie heißt es so schön? – »Kalifornien ist das wahre Paradies auf Erden, wenn du eine Apfelsine bist.«

Wir werden sehen, wie es dem Trio Infernal und Inverbal auf dem Fabrikgelände der Billion-Dollar-Industrie ergangen ist.

Mensch Marx Klappe

Da es mit den beiden sensationellsten Enthüllungen, die dieses Buch aufweisen kann, eine geraume Weile her ist – zur Erinnerung: 1) Die Marx Brothers waren richtige Brüder, 2) Harpo konnte außerdienstlich sprechen –, wird es allmählich Zeit für den dritten Staatsverrat.

Grouchos teerschwarzer Schnauzbart war ein hinterfotziger Bluff. Eine Lüge.

Er ließ sich erst einen tatsächlichen Schnauzer wachsen, als es mit dem Filmen vorbei war und sich die Brossers trennten.

Als Junge mit retardiertem Wangenflaum klebte er sich in den wüsten Tingeltangelanfängen mühselig vor der Vorstellung ein künstliches Oberlippenfell an und entfernte es nach der Vorstellung. Dabei blieb er, obwohl ihn bald die Natur einholte. Das falsche Pelztier bot ihm die Gelegenheit, als Privatmensch inkognito zu bleiben.

Bart ab, und niemand erkannte ihn auf der Straße.

Die ständige Ankleberei und Abnehmerei erwies sich rasch als äußerst mühsam. Ein Julitag im Jahre 1921 bescherte ihm die Not, aus der er eine Tugend machte. Sein Sohn Arthur wurde im Lenox Hill Hospital in Manhattans East Side geboren, Groucho raste hin, trudelte zu spät im Theater ein, zu »Home Again«. Kurzerhand schmierte er sich pechschwarze Schminke unter die Nase, sprang mit glänzendem Schnauzer ins Rampenlicht.

Nach der Show wieselte wütend der Direktor in seine Garderobe, er bestand auf einem echten falschen Bart, darauf hätte er sogar laut Vertrag Anspruch.

»Dem Publikum ist es egal«, konterte Groucho unbeirrt. »Es hat heute genauso gelacht wie gestern. Ich bleibe dabei und schmiere ihn mir nur noch auf. Ist bequemer!«

Die weiteren drei Jahrzehnte blieb er in der Tat bei seiner Schmiere zwischen den Nasenlöchern und der Oberlippe.

Das Komischste daran – kaum jemand, selbst ein besessener Groucho-Freak nicht, bekommt diesen Betrug im Kino oder vor der Glotze mit. Auch nicht auf den Filmfotos. Man schluckt den Bart und würde nie auf die Idee kommen, an ihm zu zweifeln. Nach etlichen Marx-Brothers-Filmen wurde ich von einem Freund darauf hingewiesen, der es irgendwo gelesen hatte, selber hatte er es auch nicht gemerkt.

Tja, und wenn man das nun weiß, dann wird dieser Groucho noch komischer.

Plötzlich fällt es dir auf, wie dieser Schnauzer in seinem Gesicht glänzt, wie darunter die nackte Oberlippe sich bewegt – wie hinter einem schwarzen transparenten Negligé.

Das ist die absolute Schmierenkomödie für Fortgeschrittene!

Vortäuschung einer falschen Tatsache im wahrsten Sinne!

Bertold Brechts V-Effekt!

Eine Performance, ein Happening für sich. Durch Vaudeville, Broadway und Hollywood – mit seinen gefürchteten Großaufnahmen – einen Creme-Bart zu ziehen ... Also weißte, Groucho!

Viel Ärger handelte er sich mit seiner Marotte ein. Eisern pochte er auf seinen Glänzerpart mitten im Gesicht. Eine haarige Satire auf ein Business, das vom Vorgaukeln lebt. Was ist schon in Hollywood echt?

Kein Busen, kein Nasenrücken, kein Kopfschmuck, kein Gebiß, kein Schenkelansatz, keine straffe Haut, keine Augenbraue, an der, an dem nicht chirurgisch herumgefummelt wurde. Und Groucho fährt mit zwei Fingern in die Tube und zieht sich den satten Betrug über die Lippe.

Und der Betrug fällt nicht auf.

Bei Raquel Welchs Brüsten werden alle stutzig, bei Bo Dereks Anti-Erdanziehungs-Bubbles keimt Skepsis auf. Bei Marlene Dietrichs Beinen denkt alle Welt nur an astronomische Schönheitsarzt-Rechnungen.

Groucho glaubt man den Schnauzer aufs Wort.

Siehe da, kaum beginnen die Vorbereitungen des ersten Marx-Films, gibt's Stunk.

Da muß man schon genau hinschauen, wie es Groucho in seinem Gesicht männlich wuchernd ›glänzen‹ läßt

Da die Brüder abends am Broadway ihre »Animal Crackers« knabbern, muß zwischendurch gedreht werden, und zwar in New York. Die Paramount-Produzenten bestehen auf einem Schnellschuß. In spätestens drei Wochen muß »The Cocoanuts« im Kasten sein. Monta Bell schlägt sogar vor, mit vier Kameras einfach eine Bühnenvorstellung der Nuts mitzukurbeln.

»Dann haben wir's in einem Tag«, sagt er.

Einer der beiden Regisseure, Robert Florey, lehnt solch einen Pfuschergedanken ab. Er drängt auf Außenaufnahmen in Florida. Wird abgelehnt. Drei Wochen und keinen Tag mehr, heißt es schließlich.

Auf Anhieb geraten Groucho und Robert Florey aneinander. Es entstand eine Feindschaft, die lebenslang hielt und die Mr. Schnauzschmiere stets mit der Beleidigung neu aufwärmte, daß Bob Florey kein einziges Wort englisch verstanden hätte.

In einem Brief an den Schriftsteller und Filmhistoriker Herman G. Weinberg packt Regisseur Florey muntere Sachen aus.

Zitat: »Groucho sagt, ich hätte über seine Witze nicht nur nicht gelächelt, sondern sie auch nicht verstanden. Die Kreidemarkierungen, die seine Gänge begrenzten, und die Positionen der schwerfälligen Mikrofone waren für Groucho eine Quelle ständiger Reizbarkeit. Er lief über die Kreidemarkierungen hinaus, wobei sein Kopf aus dem Bild verschwand, und ich mußte dann die Aufnahme unterbrechen und ihn bitten, im Kamerabereich zu bleiben und direkt in eines der Mikrofone zu sprechen. Das machte ihn wütend.«

Weiter: »Er verstand nichts von der Filmerei und bestand darauf, sich seinen Schnurrbart mit einem glänzenden schwarzen Lack aufzumalen. Als Monta Bell die ersten Muster sah, versuchte er, Groucho zu erklären, daß es vielleicht besser wäre, wenn er Krepp statt Farbe nähme, denn in der Großaufnahme sähe es ziemlich schlecht aus, wenn sich zwischen Nase und Mund das Licht spiegele. Und Groucho fühlte sich fürchterlich auf den Schlips getreten. Er war so wütend, daß er Bell feuern lassen wollte. Bell rief mich an und bat mich, doch möglichst ›etwas wegen des aufgemalten Schnurrbarts zu unternehmen‹. Er fügte hinzu: ›Was mich betrifft, ich gebe auf, und mir ist es egal, ob dieses A...loch in dem Film ein Affenkostüm trägt oder was der Kerl sonst macht ...‹«

Groucho-Opfer Bob endet: »Mit Groucho zu arbeiten – oder mit ihm zusammen zu sein –, war kein Zuckerlecken. Mit dem Film tat ich mein Bestes, ich stellte ihn rechtzeitig fertig, blieb im Rahmen des Budgets oder darunter, machte ein paar gute Einstellungen, meistens in den Musikszenen, brachte ein paar Gags für Harpo und Chico rein und hoffe immer

Durfte auch als Guru-Stinkstiefel ausflippen: Groucho in Otto Preminger's ›Skidoo‹, 1968

noch, eines Tages hinter den Grund von Grouchos Feindschaft zu kommen.«

Natürlich muß es Stunk geben. Natürlich nur mit Groucho,
der wie eine komplette Schlangengrube über jeden Marxschen Pointenschatz wachte. Harpo und Chico interessierten
sich für sowas noch nie. Wenn die Kamera nicht gerade surrt,
sind sie sowieso auf und verschwunden, um irgendwo um
Geld oder einen Streich zu spielen.

Jäh muß Groucho einsehen, auf was sie sich eingelassen haben. Auf Bevormundung.

»Wie kann mir ein Regisseur sagen, dies oder das sei nicht
komisch?« schimpft er nach jedem Drehtag. »Wir haben das
Stück zwei Jahre am Broadway gespielt. Ich allein weiß, was
komisch ist und was nicht!«

Nein, von Regisseuren hält er gar nichts. Groucho: »Was
muß ein Regisseur schon aufweisen? Von jeder Einstellung
macht er unzählige Schüsse, damit er mit dem mathematischen Zufall rechnen kann, daß einer gut ist.«

In den Paramount-Studios in Astoria, Long Island, zeigt es
sich, was für ein anarchistischer Haufen die bösen Brüder
sind. Die Verantwortlichen sind dem Herzschlag nahe.

Kaum ist ein Take geschafft, schon sind Chico und Harpo
vom Erdboden verschluckt. Groucho geht sie suchen. Währenddessen kehren die beiden zurück, sehen, Groucho ist
nicht da, denken, er macht frei, also machen sie auch frei.

Wird mal zufällig gearbeitet, bereitet die Tonaufnahmetech-
nik unlösbare Probleme.

Drehbuchautor Morrie Ryskind: »Wenn eine Stubenfliege
auf den Set flog, klang das wie ein startendes Flugzeug.«

Daß das Drehen dennoch Spaß macht, verrät ein anderes Ereignis. Für Regisseur Robert Florey wird hinter den Kameras
eine schallgeschützte Glaskabine aufgestellt, damit er mit
seinen Lachanfällen die Aufnahmen nicht mehr verpatzt.

Harpo in »Harpo Speaks« über den Mann in der Glaszelle:
»Wenn er sich vor unseren Augen krümmte, auf die Knie
ging, vergeblich nach Luft japste, wußten wir, der Gag saß.

Ihren ersten Filmregisseur sperrten die Marx Brothers in einen schalldichten Glas-Käfig ein

Er war das verrückteste Publikum, vor dem wir jemals unsere Show abzogen.«

Unverdrossen ignoriert Groucho den technischen Aufwand um sich herum und verfällt in seine Stegreifimprovisationen. Er pfeift auf Script und Anweisungen, marschiert in die Kamera, wann es ihm paßt, und albert in die Linse, als habe er das Parkett, die erste Reihe vor sich.

Produzent Monta Bell mäkelt: »Herr Marx, Sie dürfen nicht aus der Rolle fallen und die Zuschauer anreden!«

Groucho später in »Groucho and Me«: »Wie alle Menschen, die sich an Traditionen klammern, irrte er sich. Ich sprach mit dem Publikum in jedem Film, in dem ich auftrat.

(Manchmal antwortete man mir. Das fand ich ziemlich verwirrend.) Trotzdem blühte die Filmindustrie weiter, brachte ihren Anteil an guten und schlechten Filmen hervor, und niemand schien es zu stören, wenn ich aus der Rolle fiel.«

Er läßt sich nichts sagen. Gut so. Und sehr gefährlich. Zudem hat er immer auch noch das letzte Wort. Noch gefährlicher. Im Show-Biz des Zelluloids gibt es eigentlich nur ein Naturgesetz – Klappe halten.

Vom ersten Marx-Brothers-Film an steht fest, daß der Untergang der drei Lachmuskelmasseure vorprogrammiert ist ...

In New Yorks Rialto-Lichtspieltheater erlebt »The Cocoanuts« im Mai 1929 eine triumphale Premiere.

Der »New Yorker« jubelt in der Nachtausgabe: »Einer der witzigsten Filme seit Jahren!«

Solange solche Premierenberichte erscheinen, kann allerdings nix passieren.

Bevor sie mit dem gleichen Ärger und mit »Animal Crakkers« ins selbe Studio auf Long Island marschieren, um den nächsten Regisseur, den Stummfilmveteranen Victor Heerman, zu nerven, müssen sie zwei Schicksalsschläge einstekken.

In der Nacht des 13. September 1929 feiert die gesamte Familie in Zeppos Penthouse über den Dächern Manhattans. Nach dem kosheren Festmahl spielt Minnie, die doppelte Portion im Bauch, mit ihren Boys einige Runden Tischtennis. Chico verdünnisiert sich als erster, dann empfehlen sich Groucho und Ruth. Harpo ist noch anwesend, als Frenchie Mamarx zurückbringt, die während der Fahrt einen Herzanfall erlitten hat. Sie stirbt in Harpos Armen. Zwei Monate vor ihrem 65. Geburtstag.

Die Mutter Courage der glorreichen Brüder, die Generalin des Master Plans, Dornums und Ostfrieslands verlorene Tochter, ist nicht mehr.

Nach der Beerdigung veröffentlicht Harpos Freund Aleck Woollcott im »New Yorker« einen Nachruf.

Er schreibt über die »Tochter des Zauberers«: »Von den

Menschen, denen ich begegnet bin, war sie einer der wenigen, von dem man sagen könnte, sie besaß das – Größe und Erhabenheit ...«

29. Oktober, 13. November gleich darauf: die berüchtigten Kursstürze an der New Yorker Börse. Weltwirtschaftskrise. Groucho, der sein Vermögen in Aktien angelegt hat, verliert eine Viertelmillion Dollar. Dieser Schock bleibt ihm im Geizhals stecken. Harpo, für den das Geld zum Verjubeln da ist, trifft es nicht. Chico am allerwenigsten. Er hat sowieso nur Spielschulden.

Nachträglich erweist es sich als Glück, daß Paramount von der Garantiesumme in Höhe von eineinhalb Millionen lediglich eine bescheidene Erstrate gelöhnt hat.

Die Marxens leben weiterhin wie die Maden im Speck. Die Broadway-Wochengagen, die Tourneegagen und Hollywoods weitere Ratenzahlungen bringen Groucho schnell wieder über den Berg.

»Animal Crackers« debütiert im August 1930, wieder im Rialto. Noch jubulöser als die »Cocoanuts«. 1931, als die Bühnenverträge auslaufen, packen die Boys ihre sieben Sachen, Kind und Kegel und auch Frenchie, verkaufen ihre Häuser, ihr Penthouse und go West.

Nach Hollywood.

Jetzt wird es kochend kalifornisch heiß. Die beiden ersten Filme waren der simpel abgefilmte Abklatsch ihrer bis ins kleinste ausgebufften Broadway-Triumphe. Kameras und Mikrofone drauf – fertig!

Jetzt muß alles nagelneu aus dem Boden gestampft werden. Das Script. Jeder einzelne Gag. Und zwar ohne Publikumstests on the road oder on Broadway ...

Jesse Lasky von Paramount engagiert eine Karawane von Script- und Gagschreibern. Groucho tut das gleiche. Die beiden Karawanen prallen in täglichen, nächtlichen Konferenzen zusammen. Einigen sich die Karawanen auf einen Kompromiß, und S. J. Perelman, der Hauptdrehbuchautor, liest das verabschiedete Kampfpapier Groucho vor, was geschieht?

Marx klang und klingt für Amerika immer erst mal nach Karl Marx: Hier eine Karikatur von Al Capp

Groucho winkt grouchend ab: »Das stinkt ja zum Himmel.« Noch hat er einen guten Stand. Die Bosse und Unter-Bosse überlassen ihm das letzte Wort. Fünf Monate dauert die Schlacht der Streitkräfte, dann geht »Monkey Business« in die Produktion. Auch die beiden nachfolgenden Filme, »Horse Feathers« und »Duck Soup«, sind trotz Hollywood Marx Brothers pur. Anarchia dell'arte. Nonstop der »gemeingefährlichen« Provokationen. Chaos des Kakaos, durch den alles gezogen wird, was Imponiermenschen billig und heilig ist. Aneinanderreihung unverfrorener Spötteleien.

Mal ehrlich, Groucho, und so was soll in das Family-Entertainment des braven Amerikaners, der braven Amerikanerin da draußen im Lande der X-Staaten passen?

Die Rache der schweigenden Mehrheit schlägt sich in den Kinokassen nieder.

Die Kritiker himmelhochjauchzend, die Masse ratlos bis entsetzt, die Filmtheaterbesitzer zu Tode betrübt: Alle fünf Spielfilme der schamlosen Bengels unter der Paramount-

Flagge stellen sich unmißverständlich als Schuß in den Ofen heraus. »Die Pleitenfilme«, so wird sie Groucho später achselzuckend nennen.

Statistische Erhebungen enthüllen die vernichtende Tatsache. Die Brothers kommen bei den Mädchen und Frauen, in der Provinz, in den kleinen und mittleren Städten überhaupt nicht an. Der Bürger, der sich gerade während der Zeit der Weltwirtschaftskrise nach Recht, Ordnung, Sauberkeit und Anstand sehnt, sieht in ihnen gar ein rotes Tuch. (Übrigens hat sich daran bis heute nichts geändert ...)

Ein rotes Tuch auch insofern, als der Name Marx für den reaktionären Normalamerikaner stets nach Karl Marx, nach Sozialismus und Kommunismus klingt.

Lediglich in den sozialexplosiven Super-Städten und industriellen Ballungszentren erreichen Groucho, Harpo, Chico und Zeppo ihr Publikum. Dort lachen außer Intellektuellen, Kunstbeflissenen und Ausgeflippten sogar die kleinen Leute von der Straße über ihre subversiven Kaspereien. Sie können sich daran erfreuen, daß die rotzfrechen Underdogs dem blasierten Ellenbogen- und Geld-Adel ohne Unterlaß in den Hintern treten. Aber das sind Minderheiten.

Hollywood produziert nicht für Minderheiten, erst recht nicht für die Nachwelt ...

Genaugenommen fühlt sich nur einer vom Marx-Clan in Kaliforniens Seifenblasenparadies pudelwohl. Frenchie, der lustige Witwer, verdingt sich in den Studios als Statist und schleppt die willigen Weiber ab. Mit einer fülligen Matrone darf er nochmal richtig an den Liebesäpfeln naschen, bevor er 1933 im »Garden of Allah« stirbt, 72jährig.

Paramount feuert seine unbequemen Fehlinvestitionen.

Die Brüder, zwar mit Reichtum vollgepfropft, stehen auf der Straße.

Zeppo steigt aus der Truppe aus, die ihm sowieso nie eine echte Chance bot – alle Gagen gingen stets durch drei, und er erhielt ein Trinkgeld –, Zeppo hat entdeckt, wo in Hollywood eine Goldader liegt. Erst allein, danach mit Bruder

Vater Frenchie (links) mit seinen Söhnen in Hollywood

Gummo, führt er eine Künstler-Agentur, entdeckt Glenn Ford und viele andere zukünftige Stars. Nebenbei managt er auch seine drei Brüder.

Die drei schlagen sich mühselig durch. Mit der Comic-Serie »Flywheel, Shyster and Flywheel« preschen Groucho und Chico in die Ätherwellen des Rundfunks. Keine Chance für Harpo, den Stummen. Aber auch dieser Versuch scheitert. Groucho sinkt so tief, daß er sogar eine Theaterrolle solo annimmt, in der Bühnenfassung der John-Barrymore-und-Carole-Lombard-Komödie »Twentieth Century«.

Keine Chance mehr für die bösen Brüder mit dem »o« hinten?

Es ist der Spielerteufel Chico, der die Schicksalsfäden spinnt.

Beim allnächtlichen Schuldenmachen stößt er auf Hollywoods »Boy Wonder« Irving Thalberg, das große Tier bei Metro-Goldwyn-Mayer, seit seinem 24. Lebensjahr Vizepräsident im Zeichen des knurrenden Löwen, der Macher von Greta Garbo, Clark Gable, Jean Harlow und der ihm angetrauten Norma Shearer.

Ein junger Karrierist, der doppelt so schnell leben und Erfolge ernten mußte als andere, weil ihm die Ärzte wegen eines schwachen Herzens nur eine Lebenserwartung von dreißig Jahren prophezeiten.

Im Nu steht Chico bei Irving mächtig in der Kreide. Es gibt eine einzige Möglichkeit für »Boy Wonder«, an seine gewonnene Kohle ranzukommen. Er braucht lediglich die Marx-Brothers unter Kontrakt zu nehmen, zu Super-Box-Office-Stars hochzuboxen, und schon wird er noch viel mehr Geld aus seinem Pokerpartner rausspielen.

So geht die Fama. In Wirklichkeit läuft es vielleicht wesent-

MGM's Boy Wonder Irving Thalberg

lich ernüchternder ab, daß sich Irving Thalberg die Brossers schnappt. Schließlich gibt es Komiker nicht wie Sand am Meer, und die Mißerfolge anderer Studiounternehmen fordern ihn überhaupt erst heraus. Er hat das Know-how, er ist der Typ, der selbst einen Schnulzensänger namens Stalin zum US-Idol machen könnte.

Ein eiskaltes Arbeitstier. Fertig abgedrehte Filme sind ihm ein Greuel. Nach dem Preview pflegt er sich erst richtig ins Zeug zu legen, dann läßt er alles noch einmal drehen, cutten, tauscht sogar die Schauspieler aus. Der Erfinder der Materialschlacht.

Sein menschenschinderisches Motto lautet: »Filme werden nicht abgedreht, sondern wieder und wieder gedreht!«

So unterwirft er sich dem MGM-Motto, das wiederum lautet: »Make it good ... make it big ... give it class!«

Groucho, Harpo und Chico finden ihren Meister. Und erstmalig muß Groucho seine Klappe halten. Mit den Paramountpleiten in der Hinterhand besitzt er sowieso keinen Trumpf mehr. Noch dazu ist Irving Thalberg, gerade Mitte dreißig, nicht genug aus Edelholz geschnitzt, um auf andere als sich auf sich zu hören.

Mit ein paar schlauen Erkenntnissen bittet sich »Boy Wonder« absolute Ruhe aus. »Euer gesamtes Konzept war bisher grundfalsch. Nr. 1-Komiker wie ihr dürfen keine Billigheimerfilme machen. Ihr gehört in A-Filme, nicht in diese Eintopfdinger!« – Keine Widerrede.

»Die Zuschauer brauchen eine Gefühlsbeziehung zu euch«, fährt er fort. »Zu Verrückten hat man das nicht. Also müssen wir normale Leute mit normalen Problemen an eure Seite stellen, sagen wir ein Liebespaar, das nicht zueinanderfindet – und ihr knüpft die zarten Bande. Ihr zaubert ihnen das Happy-End.«

Irving Thalberg plädiert für eine glaubwürdige, stark menschliche Grund-Story um Liebesleid und Liebesglück – für millionenschwere Ausstattung und Orchestrierung. Alles hübsch vom Feinsten.

»Ihr kümmert euch um gar nichts«, verkündet das MGM-Genie abschließend. »Ihr bringt mir die Lacher – ich besorge euch die Story.«

Was soll Groucho da grouchen?

Der Vertrag, den er mit Harpo und Chico unterschreibt, garantiert zwei Filme. Gage: zwei Millionen plus fünfzehn Prozent Gewinnbeteiligung.

Hollywoods Klotzen hat nun einmal immer mit der klotzigen Gage zu beginnen. Wer das Geld nicht zum Fenster rauswirft, wird es unten an der Tür auch nicht hundertfach wieder reinkriegen.

Irving weiß das. Zum totalen Arbeiten gehört die totale Löhne.

Ein Märchen wird für die Gebrüder wahr. Während »Boy Wonder« seine Streitkräfte und Expeditionstrupps losschickt, um das perfekte Drehbuch zusammenzuschießen, wagt Groucho einen bekümmerten Seufzer.

»Zu schade, daß wir nicht Kaufman und Ryskind kriegen können«, stöhnt er über das alte Script-Gespann der Marxschen Heydays am Broadway.

»Warum können wir nicht?« geht Irving prompt in die Falle. Ein Unmöglich kennt er nicht.

»Weil Kaufman an New York klebt. Ihn kriegt man nirgendwo hin, wo er nicht in zwanzig Minuten am Times Square ist«, erwidert Groucho.

Irving Thalberg schlägt zu. In wenigen Tagen sind George S. Kaufman und Morrie Ryskind eingekloppt und siedeln nach Hollywood um.

Groucho spürt allmählich, daß »Boy Wonder« keine Grenzen kennt, wenn er Filme macht.

Bei der Verabschiedung des Scripts fordert er den jungen Mann mit dem goldenen Ellenbogen erneut heraus. Das Buch sei perfekt – aber ...

»Was aber?« hakt Irving ein.

»Mit Gags ist das im Film immer ein Risiko«, holt Groucho weit aus. »Der Gütestempel für unsere beiden ersten Filme

Irving Thalbergs Rechnung geht auf: Die Marxsche Opera-Arie wird zum Kassenerfolg

›Cocoanuts‹ und ›Animal Crackers‹ kam nicht von ungefähr. Da war jede Hundertstelsekunde auf der Bühne vorgecheckt.«

Mr. Boy Wonder ist längst überredet.

Er veranlaßt, daß aus dem Filmdrehbuch eine Bühnenversion gefertigt wird – und vier Wochen lang gehen die drei Marx Brothers mit »A Night at the Opera« auf Tournee. Sie testen ihre Lacher. Es bewahrheitet sich, daß live on stage die Witze geboren werden, nicht in Autorengehirnen oder gar im technisch perfekten Studio. Dann wird gedreht.

Die Opernnacht mit Irving Thalbergs Geschnulze und Gerühre dazwischen wird der Kassenerfolg der Wintersaison 1935!

»Mein Lieblingsfilm«, wird später selbst der Stinkstiefel zugeben.

Trotz Sirupgejaule von Gotthilf-Fischer-Chören, trotz Liebeswehs des pomadegepflegten Beaus und seiner weißbierblonden Schönen und Guten, das sich als roter Faden durch die Gagkapriolen zieht – nein, die Marx Brothers fühlen sich durch dieses Hollywoodrezept weder domptiert und dressiert noch versüßwässert. (Heute muten die Show- und Plot-Einlagen übrigens ebenso komisch an wie das Dazwischengetummel der Marxens ...)

Ist das demnach doch möglich, die Pastelltöne der Clowns mit den Knallfarben des hemmungslosen Kommerzes zu mischen?

Ja. Aber nur unter der Knute des »Boy Wonder«.

Der zweite MGM-Coup »A Day at the Races« beweist es erneut. Wieder werden die Pointen während einer Fünf-Städ-

Mitten in den Dreharbeiten von ›A Day at the Races‹ (Szenenfoto mit Blondgirl Maureen O'Sullivan) platzt Irving Thalbergs Tod!

te-Tournee auf Herz und Nieren geprüft. Mitten in den Dreharbeiten schlägt das Schicksal unerbittlich zu, von dem sich Groucho, Harpo und Chico nie mehr richtig erholen werden. Irving Thalberg stirbt an einer Lungenentzündung im Alter von 37 Wunderjahren.

The show must go on. Der Film wird zu Ende gespult, bricht neue Kinokassen-Rekorde. Aber keiner von den glorreichen dreien kann sich vorstellen, wie es ohne Irving mit ihnen weitergehen soll.

Groucho in »Groucho and Me«, Jahrzehnte später: »Vermutlich gab es damals eine ganze Anzahl von Genies, aber ich begegnete nur einem – Irving Thalberg. Er war so begabt, daß MGM sogar ein Gebäude nach ihm benannte. Wie alle großen Talente braucht er kein Gebäude, um sein Andenken zu erhalten …«

Und weiter: »Während wir beim Film arbeiteten, wirkten wir im Verlauf der Jahre bei vierzehn Streifen mit (Anm. d. V.: die Stummfilm-Pleite »Humorisk« mitgerechnet, die allerdings bis dato verschollen ist). Zwei waren überdurchschnittlich. Einige waren ganz gut. Einige waren jämmerlich. Die beiden besten wurden von Thalberg gemacht.«

Der einzige Hollywood-Tycoon, der die schlimmen Bengels ohne »B« davor zu nehmen, zu verkaufen und nicht zu versauen wußte, läßt sie, zwar entschuldigt, aber doch im Stich.

Um sich bloß nicht den trüben Gedanken auszuliefern, drehen Groucho, Harpo und Chico ohne Pause weiter. Zeppo vermittelt ihnen zusätzlich zum MGM-Vertrag, der aufgrund der Triumphe automatisch verlängert wurde, den »Room Service« bei RKO. Weiter geht's unter der mächtigen Mähne des Löwen mit »At the Circus«, »Go West« und »The Big Store«.

Jetzt wird kein einziger Lacher mehr auf der Bühne vorgefühlt, jetzt wird einfach runtergekurbelt.

Das böse Blut fängt zu kochen an, mit dem man schnell unbequeme Komödianten in Mißkredit bringen kann.

Eine Frau marschiert vor Gericht und verlangt von den Marx

Ohne Boy Wonder wird nur noch runtergekurbelt. ›The Big Store‹

Brothers Schadenersatz. Damals, vor »A Day at the Races«, habe sie Groucho eine Karte geschickt mit der Frage: »Wäre es nicht komisch, wenn ihr verrückten Kerle ein Krankenhaus leiten würdet?« Im Gerichtssaal gibt Groucho zu, die Karte erhalten und weggeschmissen zu haben. Da der Film teils in der Klapsmühle und teils im Rennbahn-Milieu spielt, gibt der Richter der guten Frau Recht, und sie erhält von MGM 25.000 Dollar Wiedergutmachung.

Die ersten geschundenen Drehbuchautoren wenden sich an die Öffentlichkeit, um auszupacken, wie wenig komisch es ist, für die komischen Brüder zu arbeiten.

George Oppenheimer, Autor der Radioshow »Flywheel, Shyster and Flywheel«, der auch an »A Day at the Races«

mitgelitten hat, im Zeitungsinterview: »Für die Marx Brothers zu schreiben, ist die pure Hölle! Ich mag Groucho gern, aber um 7 Uhr 30 in der Früh' findet er alles großartig, und ein paar Stunden später muß ich alles wegschmeißen und neu schreiben. Harpo war nett. Chico war die komplette Null. Ihm ging es nur darum, genauso viele Sätze zu haben wie Groucho. Oh, wie ich es gehaßt habe, für diese Brüder zu arbeiten!«

Kein Wunder, daß Groucho nach Irvings Tod keine Sekunde länger mehr die Klappe hält.

Als der Studio-Mogul Louis B. Mayer, ja, jener von Metro-Goldwyn-Mayer, auf dem Set auftaucht und was mäkelt, weil die Kasse mit den nachfolgenden Marxfilmen nicht mehr stimmt, stapft Groucho im gesenkten Entengang auf den gefürchteten Boß zu, bläst ihm Zigarrenqualm ins Gesicht und spricht zwei historische Sätze: »Verschwinden Sie hier! Sie haben doch überhaupt keine Ahnung und nichts zu sagen!« Die Quittung läßt nicht lange auf sich warten.

Die Brossers fliegen im hohen Bogen aus dem Löwen-Käfig! 1941!

Tja. Da war's ja dann wohl mit dreimal Marx & Hollywood. Der Schwung ist dahin, die Laune, der Spaß. Was haben drei Grocks auf der Stahlstraße der kalifornischen Hochöfenindustrie zu suchen? Was sollen drei Wind- und Lachorkanhunde des Vaudeville und des Broadway am Fließband der »Action!« – und »Cut«-Brüller?

Ohne »Boy Wonder« ist Wonderworld, California, platt wie eine Dollarnote.

1941 gibt Groucho bekannt: »Auf Wunsch des Publikums ziehen wir uns zurück!«

Noch zweimal werden sie rückfällig, weil das Portemonnaie zwickt. 1946 ärgern sie mit »A Night in Casablanca« die Warner-Brothers. 1949 verhelfen sie mit »Love Happy« einer unbekannten Brust- und Bauchnabel-Schönheit namens Marilyn Monroe zu ihrem Zelluloid-Debüt.

Dann ist endgültig Sense.

Groucho privatisiert sein Weiber-Angrouchen. Nach ›Love Happy‹ (Foto, rechts Ilona Massey, blond) braucht er kein Hollywood mehr dafür...

Was nu?
Vaudeville gibt es nicht mehr. Kino und Radio haben die unzähligen Tingeltangelbühnen geschluckt. Ihr Nabel zum Broadway ist abgeschnitten. Finanziell haben sie ausgesorgt.
Harpo und Chico privatisieren auf ihre turbulente Weise. Sie haben sowieso immer nur gezwungen gearbeitet. Das Nichtstun eröffnet ihnen ungeahnte Möglichkeiten.
Aber Groucho – kann dieser Kotzbrocken länger als einen Tag seine gefürchtete Klappe halten?
Groucho entdeckt seine neue Bühne, sein neues Publikum. Er erfindet den zeitgemäßen Komiker, der über alle modi-

schen Medien triumphiert. Er spielt keine Rollen mehr.

Ab sofort spielt er sich selbst. Auf Hollywood-Parties, in Interviews, in Incrowd-Restaurants. Er macht seinen Alltag zum Bühnenzauber, sein Privatleben zur Supershow.

Groucho braucht nur sich und ein paar Zuschauer und Zuhörer, um seine göttliche Komödie bis zu seinem Tode weiterzuspielen. Und dafür wiederum ist Hollywood das ideale Pflaster.

Groucho, der ungefilmte Film auf zwei Beinen.

Hofnarr on Hollywood Boulevard!

Supershowinismen

Im »Romanoff's« in den Beverly-Hügeln: Ein kleines hübsches Mädchen machte einen Knicks und bat den berühmten ulkigen Herren mit der Kanonenrohrzigarre unter dem Brikettschnauzer um ein Autogramm.

Groucho kritzelte seinen Groucho und lächelte lieb. Angesichts hübscher Mädchen war er schon immer über seinen Schatten gesprungen.

Doch plötzlich zwängte sich der Vater der Kleinen in seinen

Ol' Groucho, der eigentlich (wie hier in ›Skidoo‹) nur die zwei weiblichen Kugeln im Auge hielt, philosophiert: ›Egal, wie reich man ist, manchmal muß man pissen geh'n.‹

Gesichtskreis, riß Grouchos Hand an sich und schüttelte sie wie verrückt.

»Groucho, Sie können sich nicht vorstellen, was das für mich bedeutet«, polterte er.

Hand zurück. Ein Groucho-Knurrer aus tiefster Seele: »Nun, für mich wird das wahrscheinlich eine kostspielige Hautkrankheit bedeuten.«

Noch bissiger machten ihn bevorzugt ältere Damen, in denen allen er seine Sparringpartnerin Margaret Dumont sah.

Auf einer Teegesellschaft unterbrach er die hochgeschraubte Plapperei der Ladies mit einem einfachen menschlichen Eingeständnis: »Ich muß mal pissen gehen. Denn eines ist wahr: Ganz egal, wie reich man ist, manchmal muß man pissen geh'n.«

Als er während einer Hollywoodparty Barbra Streisand in die Arme lief, zog er seinen Mantel aus, reichte ihn ihr mit dem ungehaltenen Kommando: »Hier, bringen Sie den in die nächste chemische Schnellreinigung, und sehen Sie ja zu, daß er bis Donnerstag fertig ist, verstanden?«

Auch große Massen- und Ausstattungsszenen schmiß er privat aufs Parkett.

Das New Yorker Großkotz-Lokal »21« hatte noch niemals einen Gast zu einer selbstmörderischen Rechnung veranlaßt, der ohne Schlips erschien. Groucho erschien. Mit Schlips, sonst wäre er ja nicht zu seinem Auftritt gekommen. Aber kaum hatte er die Vorspeise eingepfiffen, nahm er die Krawatte ab, marschierte von Tisch zu Tisch und beschwatzte jeden, es ihm gleichzutun.

Aufruhr im »21«. Der Besitzer und seine hilflosen Ober – der Ohnmacht nahe.

Am nächsten Tag wurde »Grouchos Befreiung der männlichen Hälse« in allen Zeitungen, im Radio und im Fernsehen gebracht. Grouchos Kommentar: »Ich finde es albern, einen Schlips zu tragen. Ich kann auch ohne Schlips essen – ehrlich! Die Ober können von Glück sagen, daß ich mir nicht auch noch die Hose und die Unterhose ausgezogen habe ...«

Das schönste Kompliment für eine Frau: Von Groucho beleidigt werden.
Hier darf sich Barbra Streisand freuen

Selbst die Synagoge baute er in seine Bühne um.
Groucho war Ehrengast bei einem Kinderfest und wurde von
Rabbi Meyer Heller gebeten, ein paar nette Worte zu sagen.
Groucho sagte diese netten Worte: »Darf ich eine Geschichte
erzählen? Also – eine Frau mit zwei Kindern erschoß ihren
Mann mit Pfeil und Bogen. Später fragte man sie im Polizei-
verhör: ›Warum, gute Frau, mit Pfeil und Bogen?‹ Sie ant-
wortete: ›Ich wollte die Kinder nicht wecken.‹ Seht ihr, liebe
Kinder, das ist Mutterliebe …«
Eines Freitagabends stellte der Rabbi das Thema Mischehen
zur Diskussion. Groucho wurde um seine Meinung gebeten.
Er äußerte Toleranz: »Ich meine, es ist ganz in Ordnung für
einen Juden, ein nichtjüdisches Mädchen zu heiraten – solange es steinreich ist.«

247

Bei anderer Gelegenheit wurde er gefragt, warum er niemals eine Jüdin geheiratet hatte.

Groucho: »Mit einem jüdischen Mädchen ins Bett zu gehen, das ist für mich das gleiche, wie mit meiner eigenen Schwester zu schlafen.«

Ja, ja, die Frauen ...

»Geh' mit einer Frau durch eine Einkaufsstraße. Der Durchschnittsmann käme nie auf die Idee, vor einem Schaufenster nach dem anderen stehenzubleiben und sich Kleider anzuschauen. Eine Frau tut das, denn sie hat nur das Anliegen, attraktiv auszusehen. So erobert sie sich den Mann. Wenn eine Frau aussieht wie Matsch, bekommt sie keinen ab.«

O-Ton Groucho weiter: »Frauen sind klüger als Männer. Wenn eine Frau mit einem Mann verheiratet ist, und sie liebt ihn und hat ihn gern, und sie hat zwei, drei Kinder von ihm, dann ist es höchst unwahrscheinlich, daß sie ihm wegläuft. Der Mann dagegen ist ein Tier. Er will pausenlos vögeln ...«

»Frauen sind dem Mann Meilen voraus. Von Geburt an können sie ihn hinters Licht führen. Von dem Augenblick an, wo ein Mädchen einen Mann kennenlernt, hat sie sein Geld im Visier, denkt über Möbel und Gardinen nach und sucht Namen für die Kinder aus.«

Groucho und die Institution Ehe. Ein Monolog ohne Ende.

»Der Mann heiratet eine Frau – und die Frau heiratet die Lebensart des Mannes.« Peng!

Sanfte Töne kriegte Groucho Marx Supershowistar nur drauf, wenn es um das eine einzige ging. »Ich kannte mal ein Mädchen, das trug einen goldenen Fußreif, und da stand eingraviert: ›Heaven's above‹.«

Sein Himmel, zumindest exzessiv verbal, erstreckte sich zwischen den Knien und dem Bauchnabel.

Frage an Groucho: »Was magst du an einer Frau am meisten?«

Antwort: »Wenn sie mich mag.«

Was Wunder, daß er gleich nach der Trennung der Marx Brothers, nach dem Rücktritt von 1942 erst mal das Wichtig-

Ehefrauenkenner Groucho: ›Alimente zahlen ist wie ein totes Pferd mit Heu füttern.‹

ste erledigte, nämlich sich nach 21jähriger Ehe von seiner Ruth scheiden zu lassen. Damals in den Urzeiten hatte er sie im Ballett aufgabelt. »Würden Sie mich gern heiraten?« hatte er sie gefragt und nachgesetzt: »Ich brauche eine Frau, die mir meine Gitarre trägt.« Die Scheidung traf den passionierten Geizhals schwer. Wofür sein Bruder Chico viele Spielernächte brauchte, das verjubelte er in zehn Minuten vor Gericht – über eine halbe Million!

Kommentierte Groucho in Erinnerung an seine Liebeserklärung mit dem Gitarretragen: »Es wäre mich doch billiger gekommen, einen Kofferträger zu engagieren.«

Zu den nun allmonatlich anstehenden Alimenten äußerte er seine Meinung, über die nur ein Menschengeschlecht lachen kann: »Alimente zahlen ist, wie ein totes Pferd mit Heu füttern.«

Ruth hatte er in seiner Ehe zur Alkoholikerin gemacht. Dieser Gewohnheit blieb er auch in den nächsten Ehen treu, mit seiner Kay, die er als 24jährige heiratete, und mit seiner Eden, die er als 20jährige heiratete. Noch jünger wollte er es nicht werden lassen, somit hörte er nach der Scheidung 1969 mit weiteren legalisierten Fehlern auf.

Abschließend sah er sein Lebensmalheur ein: »Ich habe immer schöne, attraktive Frauen geheiratet. Das darf ein Mann nicht tun.«

Er war der Mann, der seinen Frauen Pelzmäntel und Diamantringe schenkte, sie aber erbarmungslos zu Hause zusammenschiß, wenn sie das Licht nicht ausknipsten, sobald sie aus dem Zimmer gingen.

Chico wurde mal gefragt, wie viele Dollars er so verspielt hätte. Er entgegnete: »Fragen Sie Groucho nach seinem Kontostand. Genauso viel!« Diese Antwort stimmte nicht mehr nach Grouchos Scheidungsserenaden.

Seine schönen, attraktiven Frauen, die immer jünger wurden – eine war die Freundin seiner Tochter! –, hielten ihn auf Trab, so daß er nicht gänzlich privatisieren konnte. Zwischen seinen verbalen kostenlosen Aufführungen in und um Hollywood war er doch gezwungen, alle Engagements anzunehmen, die ihm Brüderchen Zeppo ins Haus trudeln ließ. Sein größter Triumph – Groucho wurde Quizmaster.

Mit »You Bet Your Life«. Erst im Radio, dann in Radio und Fernsehen. Bis 1961 war er Amerikas beliebtester und ungewöhnlichster Quizmaster, und als jener verdiente er mehr Knete als zu Marx-Brothers-Zeiten.

Man stelle sich nur vor – in Deutschland würde der Ewig-

Die dritte und letzte Braut war zwanzig: Groucho & Eden

keitsclown Grock von Hänschen Rosenthal die ZDF-Quizshow »Dalli Dalli« übernehmen ..!

Um mit seinen unkalkulierbaren Geistesblitzen die amerikanische Nation nicht in Gefahr zu bringen, wurde jede Showfolge auf Konserve produziert, eine Stunde auf dreißig Minuten beschnitten, damit kein Skandal über die Ätherwellen rausrutschte.

Groucho nahm eine Langspielplatte auf – »An Evening with Groucho« –, übernahm kleine Rollen in nicht erwähnenswerten Filmchen – die große nicht zensierte Supershow präsentierte er ausschließlich privat.

Immerhin – die Stadt Los Angeles erklärte 1975 seinen Geburtstag, den 2. Oktober, für alle Ewigkeit zum Groucho-Marx-Tag ...

Auch Harpo, der einzige ehe- und familienglückliche Marx Bruder, privatisierte sich als Anarcho-Harlekin.

Sogar mit Sprech-Parts.

Ein Harpo-Auftritt der bizarren Art. Er spielte mal wieder

Krocket mit Drehbuchautor George S. Kaufman und Frau. Während des spannendsten »Klack-Tonk« tauchten zwei Damen von der Wohlfahrt bei den Kaufmans auf, die Frau Kaufman ganz vergessen hatte. Das Spiel wurde unterbrochen. Nach zwanzig Minuten war Beatrice Kaufman noch immer nicht auf dem Rasen zurück. Also ging George ins Haus, um ihr Dampf zu machen. Harpo wartete und wartete. Die Schachteln von der Wohlfahrt, die den ganzen Spaß verdarben, brachten ihn auf einen hübschen Einfall.

Schnitt. Harpo schlich sich in die Küche, griff sämtliche Ketchup-Flaschen und überschüttete sich mit Tomatensirup. Dann taumelte er, tomatenblutüberströmt, in den Salon.

»Entschuldigen Sie, Ma'am«, gurgelte er wie ein Diener der horriblen Abteilung. »Die eine Katze habe ich getötet und ausgenommen und zum Grillen vorbereitet, wie Sie es verlangten. Aber die andere Katze kann ich beim besten Willen nicht einfangen. Meinen Sie, daß die eine zum Abendessen reicht?«

Die Wohltätigkeitsdamen verließen fluchtartig die Szene, und Harpo konnte mit Beatrice und George das Spiel fortsetzen.

Von Chico wurden keine sonderlichen Soli mehr überliefert. Er spielte und verlor, bis er ohne einen Penny im Oktober 1961 starb. Harpo verstummte endgültig am 28. September 1964. Am 21. April 1977 ging Bruder Gummo, es wurde Groucho nie gesagt. Am 19. August desselben Jahres hörte er mit seinem Grouchen auf. Laut Testament ließ er sich einäschern.

Zitat aus seinem letzten Willen: »Ich will mich nicht so breitmachen.«

Bei der kleinen Gedächtnisfeier für die Familie und einige enge Freunde wurde sein Gebet verlesen, das er in den letzten Jahren vor dem Einschlafen zu sprechen pflegte.

»Gestern ungeboren, morgen tot. Warum sich quälen, wenn das Leben schön ist?«

Zeppo verließ die Welt am 30. November 1979.

Harpo schlachtet Hauskatzen, Chico verspielt den letzten Penny, und Groucho läßt sich einäschern, weil er sich für die Ewigkeit nicht so breit machen will. Adieu, geliebte Brossers!

Wie sangen sie am Broadway in »Animal Crackers« so schön?

»Einer für alle und zweie für fünf. Wir sind vier von den drei Musketieren ...«

Es muß einen Planeten geben, wo sie willkommener sind, wo die Menschen in den Straßen tanzen, wie Woollcott schrieb, wenn die Clowns kommen.

Wir haben sie nicht mehr verdient.

Unsere Sprache spricht die bittere Wahrheit. Wenn wir lachen, lachen wir uns tot, krumm, schief, kaputt, krank. »Du bist mir vielleicht ein Clown«, machen wir jemanden zur Schnecke. »Das ist auch so'n Komiker«, sagen wir abfällig.

Die drei For-Evergreens, wie Zeichner Al Hirschfeld sie strichelte. Zwischen dieser Karikatur und der von Robert Crumbs (siehe ganz vorn im Vorwort) liegt die ganze Marxsche Wahrheit

»Mir wurde echt komisch«, so schildern wir unsere Gefühle im abstürzenden Flugzeug.

Wer sich bucklig lacht, braucht keine Marx Brothers.

Lachen wir uns lieber mit Groucho, Harpo und Chico lebendig und gesund …!

Register

HEYNE
FILMBIBLIOTHEK

Themenbände, die sich mit bestimmten Filmarten, wichtigen Epochen und Kategorien beschäftigen.

HEYNE FILMBIBLIOTHEK

LOTHAR R. JUST

FILM-JAHRBUCH 1987

Alle Erstaufführungen im Kino, Fernsehen, Video – zusätzlich mit Schweiz und Österreich

32/105 - DM 19,80

HEYNE FILMBIBLIOTHEK

DER »OSCAR«

Alle Filme - Schauspieler - Preisträger

von NORBERT STRESAU

32/82 - DM 16,80

HEYNE FILMBIBLIOTHEK

DER FRAUENFILM

Filme von und für Frauen

VON GUDRUN LUKASZ-ADEN/ CHRISTEL STROBEL

32/90 - DM 12,80

HEYNE FILMBIBLIOTHEK

100 JAHRE HOLLYWOOD

Von der Wüstenfarm zur Traumfabrik

von TONY S. CAMONTE

32/118 - DM 12,80

HEYNE FILMBIBLIOTHEK

RUSS MEYER
König des Sexfilms

von ROLF THISSEN

32/87 - DM 12,80

HEYNE FILMBIBLIOTHEK

DER HORROR-FILM

Von Dracula zum Zombie-Schocker

von NORBERT STRESAU

32/96 - DM 12,80

HEYNE FILMBIBLIOTHEK

KULTFILME

Von »Metropolis« bis »Rocky Horror Picture Show«

ORIGINAL AUSGABE

32/73 - DM 12,80

HEYNE FILMBIBLIOTHEK

DER WESTERN-FILM

THOMAS JEIER

32/102 - DM 14,80